일상 여행가

일상 여행가

지나
제임스
지음

바이북스
ByBooks

당신의 일상이 휩쓸리듯 지나가는
삶이 아니라 순간순간이
영원같이 머금는 삶이 되기를

어렸을 땐 그곳에 다시 안 올 것처럼 여행을 했다. 격렬하게 돌아다녔고 기록했고 볼거리, 찍을 거리를 찾아 헤맸다. 여행의 마지막은 마침내 장렬히 쓰러져 잠드는 것이었다.

30대로 나아갈수록 무계획적인 여행이 좋았다. 아무것도 하지 않고 일상에서 도피하듯 떠났다. 일로 얼룩진 삶을 깨끗이 세탁하듯 아무도 나를 모르는 곳에서 혼자만의 시간을 가지고 싶었다.

어느새 여행은 나에게 채움이 아닌 비움이 됐다. 비움이 있어야 다시 찰 수 있듯 비우고 돌아보고 조용히 생각하는 것이 새로운 여행이 되었다. 비단 여행이란 말을 굳이 붙이지 않아도, 미리 샅샅이 조사해보지 않아도, 비행기를 타고 나가야만 있는 곳이 아니어서 좋았다.

이런 여행지를 선택할 땐 몇 가지 공통점이 있다. 첫 번째는 일상을 훌쩍 떠나 아늑하고, 따스하며, 조용하게 머물 수 있는 나만의 시간이 온전히 보장되는 곳. 복잡한 계획을 세우지 않아도 카메라 하나만 있으면 서 있는 그곳부터 여행의 시작과 콘셉트가 완성되는 해당화 사진관이 그랬고, 도심을 훌쩍 떠나 어느 강원도 산골 속의 절경을 안빈낙도하며 누렸던 설악켄싱턴 호텔이나 대나무 숲내음 이 물씬났던 담양 담빛예술창고와 죽녹원이 그랬다. 사무실의 탁한 공기와 손바닥만 한 정원이 아닌 한없는 햇살과 바람을 느낄 수 있는 곳들이었다.

그래도 모든 연결을 일상과 끊어내기는 어려웠다. 가끔 일을 하고 계획을 정리해야 할 때는 도심 근처의 아지트 같은 곳을 찾기도 했다. 워커힐 라이브러리, 서사 당신의 서재, 노들서가, 파주 지혜의 숲, 후암서재, 종이 잡지클럽 같은 곳은 일상 속에서도 여행 온 듯한 기분과 영감을 충분히 누릴 수 있는 보물 같은 아지트들이다.

나아가 조금 외로워질 때면 조건 없이 친절하고, 굳이 진짜 나를 가리지 않아도 되는 사람들이 있는, 가까운 곳에서 생각 없이 취향과 취미를 사람들과 나누며 일상을 여행하는 기분으로 보내고 싶을 땐 공유 공간에 갔다. 여기가 페잇퍼, 카페홈즈, 론드리프로젝트, 남의집, 현대카드 쿠킹 라이브러리들이었다.

언제나 그곳이 변함없길 바라는 일상의 여행지를 소개해본다. 그곳을 통해 또 다른 누군가 역시 당신의 일상이 휩쓸리듯 지나가는 삶이 아니라 순간순간이 영원같이 머금는 삶이 되기를.

1부

일상 탈출,
여행을
시작하다

평범한 일상을
여행으로
바꿔주는 렌즈

상호 : 해당화 사진관(대표: 하태우)

주소 : 인천시 중구 제물량로 288

SNS : https://www.instagram.com/hdh_studio/

당일패키지(대여+현상스캔+인화10장) : 2만 원

설립 연도 : 2018년

#해당화 사진관 #감성체험 #아날로그 #수동사진기
#필름카메라 #구도심여행 #바다 #엔틱 #시공간

　요즘 젊은 층의 이색 데이트는 어떤 것이 있을까? 사랑하는 사람과 만나서 밥 먹고 차 마시고 영화 보는 것만으로도 행복할 수 있다. 하지만 조금 더 색다른 경험을 하고 싶을 때 무엇을 찾을까? 데이트와 관련된 연관 검색어를 보니 몇몇 장소가 눈에 띄었다. 한참 유행했던 방탈출 카페는 아직도 그 인기가 상당한 듯하다. 포털 사이트 기준으로 우리나라에 등록되어 있는 방탈출 카페는 430개 정도로 나온다. 요즘 막 떠오른 VR체험방은 800여 개가 넘게 생겨났다. 반지 만들기와 향수 만들기 체험 등 색다른 경험을 할 수 있는 공방도 100~200개 정도 존재하는 것으로 보인다.

문득 흑백 사진관은 얼마나 있을지 궁금해졌다. 북촌과 서촌을 걷다 보면 심심치 않게 흑백 사진관을 볼 수 있다. 꼭 한옥마을 부근이 아니더라도 유동인구가 많은 지역에는 흑백 사진관을 발견할 수 있다. 포털 사이트에 등록된 흑백 사진관만 400여 개가 넘는다. 향수와 반지 공방의 두 배가 넘는 숫자이다. 사진 촬영이라는 아이템은 오래전부터 존재해왔다. 연인 또는 친구와 순간을 기록하고 싶은 욕구는 분명 존재한다. 다만 너무나 편하고 좋은 핸드폰 카메라가 있는데 왜 아직도 흑백 사진관은 우리 삶의 스테디셀러로 남아 있을까?

흑백사진은 우리의 단조로운 삶을 마치 영화처럼 기록해주기 때문이 아닐까? 취업 때문에, 진로 때문에, 직장 때문에, 또는 어쩔 수 없는 삶 때문에 멀리 떠나지 못하고 평범한 시간을 보내야 하는 우리에게 흑백사진은 특별한 순간을 만들어준다. 흑백사진만이 아니다. 우리의 삶을 기록할 수 있는 사진이라는 매개체는 순간을 간직할 수 있게 하는 특별한 도구이다. 아인슈타인은 특수상대성이론에서 우리가 사는 3차원 공간과 시간이라는 차원을 합쳐서 4차원의 시공간이라는 개념을 제시했다. 그런데 바로 단순한 사진 한 장이 우리의 시공간을 멈추고 간직하게 해주는 엄청난 도구이다.

사진의 어원을 살펴보면 그리스어에서 파생되었다. photo^{빛으로}와 graph^{그리다}로 구성된 단어로, '빛으로 그리다'라는 뜻이다. 우리의 일상을 빛으로 그려주는 수단이라면, 평범하고 단조로운 일상도 여행이 될 수 있지 않을까? 이미 1호선 종점인 인천역에 위치한 해당화 사진관에서 일상을 여행으로 완벽하게 만들어주고 있다. 이제는 많은 사진관에서 하지 않고 있는 필름 사진기 대여부터 필름 현상, 사진 인화를 주요 서비스로 제공하고 있었다. 평일 낮에 인천역 2번 출구로 나오자마자 보이는 해당화 사진관으로 여행을 시작했다.

공간을 꽉 채우는 따듯한 공기와 수십 년 되어 보이는 사진기들, 그리고 여기저기 쌓여 있는 필름은 어릴 적 동네 사진관을 방문했던 기억을 상기시켰다. 실제로 해당화 사진관은 1970~1980년대의 사진기가 아직 고가인 시절, 많은 사람들이 체육대회나 소풍 때 사진기를 빌려가고 그렇게 찍은 사진을 현상 인화하면서 편하게 기다리던 공간을 재현하고 싶었다고 한다. 오래된 타자기부터 나무 느낌의 가구는 그 분위기를 더욱 살려줬다. 해당화 사진관의 하태우 대표는 사진기뿐만이 아니라 오래된 엔틱한 물건 자체를 모으는 것을 좋아하고, 소통하는 것을 좋아해서 디지털 세대인 20대들이 아날로그를 만날 수 있게 하고 싶었다고 한다.

서랍장에서 여러 필름 사진기를 만져보면서 오늘 촬영해볼 사진

공간을 꽉 채우는 따듯한 공기와 수십 년 되어 보이는 사진기들,

그리고 여기저기 쌓여 있는 필름은

어릴 적 동네 사진관을 방문했던 기억을 상기시켰다.

기를 골랐다. 실제 내 손에 감아보고 오늘 하루를 함께 보낼 상상을 하면서 이미 여행이 시작되었다. 필름 사진기는 디지털보다 조작할 것도 많지 않고 편집할 수도 없다. 만약 눈 감은 사진이나 흔들린 사진인 경우 디지털로 찍었다면 바로 지운다. 하지만 필름 사진은 영구 보존된다. 그래서 한순간 한순간이 소중하게 된다. 사진을 찍는 동안 기다리고 집중할 수밖에 없다.

　사진기를 어깨에 메고 해당화 사진관을 나와서 바로 옆에 있는 차이나타운과 인천역 주변을 돌아다녔다. 이 동네에서 자랐다는 하 대표의 말에 의하면, 이 동네가 예전에는 우범지대였다고 한다. 여기는 인천의 구도심, 원도심이다. 인천항이 바로 앞에 있어서 개항이 시작되면서 문물이 처음 들어온 곳이다. 제일은행 본점도 이곳에 있고, 오래된 음악감상실과 노포가 많다. 일본, 중국 등 정말 다양한 문화가 섞여 있는 뉴욕 같은 동네이다. 서울에서 한 시간 반정도 지하철 타고 온 인천역은 정말로 하루의 시간을 특별하게 만들어주었다. 실제로 인천역은 수인선이랑 경인선의 종점이다. 종점이면서도 시작점이다. 인천의 끝자락이자 도태된 동네였으나, 도태된 만큼 잘 보존되었다고 볼 수 있다.

사진기와 함께하니 계속 걸을 수밖에 없었다. 그리고 거리와 사물에 집중하고 천천히 음미해야만 했다. 멋진 순간을 포착하고 사진기를 들었으나 손으로 초점을 맞추다가 그 순간을 놓치는 경우도 있었다. 하지만 그 덕분에 그 시공간은 더욱 인상 깊게 각인될 수밖에 없었다. 걷다 보니 금세 월미도 선착장까지 올 수 있었다. 뷰파인더를 통해 보는 수많은 갈매기들과 바다 냄새는 나를 여행의 시간 한가운데로 가져다 놨다. 바다를 보고 있으니 해변을 걷고 싶었다. 한두 시간가량 버스를 타고 영종도의 을왕리 해수욕장으로 자리를 옮겼다.

을왕리 해수욕장에 도착하니 노을이 시작되고 있었다. 나른한 오후와 사진을 찍는 순간이 마치 해외여행 온 것만 같은 착각을 들게 했다. 해당화 사진관은 낮 12시부터 영업을 시작하기 때문에 사진기를 빌려서 점심 먹고 돌아다니다 보면 필름 한 통이 다 끝나갈 때쯤 해가 지기 시작한다. 해안도로와 을왕리 해변을 보고 있으니 여분 필름을 한 통 더 사 올걸 그랬나라는 생각도 들었다. 하지만 그 덕에 그 시공간에 집중할 수 있었고 스마트폰을 볼 여유 따위는 없었다. 한 컷 한 컷 사진을 찍고 오른손으로 필름을 직접 감으면서 36개의 나만의 시공간이 기대되기 시작했다.

이제 필름을 현상하고 사진을 인화하러 다시 해당화 사진관으로 향했다. 사진관 앞에 도착하니, 인화한 사진을 손에 들고 얼굴에 미소를 가득 담고 나가는 손님이 보였다. 나도 잔뜩 기대를 하고 들어갔다. 필름 현상을 위해 30분 정도의 시간을 다시 또 기다리게 된다. 테이블에 앉아서 오늘 하루를 되돌아보며 어떤 사진이 나올까 상상할 수 있었다. 기다리는 동안 지켜본 손님은 대부분 10대 후반부터 30대 중반이었다.

하 대표의 말에 의하면, 혼자 조용히 오시는 분부터 커플, 동호회까지 다양한데 젊은 층이 90% 이상이라고 한다. 특히 장롱 카메라가 발견되어서 오시는 분을 만날 때는 하 대표와 손님 모두 들뜨게 된다. 해당화 사진관 때문에 필름 카메라에 관심이 생겨서 사진기를 렌탈 해보고 본인의 특성에 맞는 카메라를 찾고, 그다음에 구매하고 본격적으로 취미로 이어가는 사람들도 많다고 한다. 최근 어떤 대학생은 진지하게 본인의 사정과 함께 메일로 연락이 왔는데, 당장은 돈이 없으나 다큐멘터리 작업을 위해 필름 30~40롤을 빌려달라고 했다고 한다. 벌어서 갚겠다는 그의 당찬 포부에 하 대표는 흔쾌히 외상을 해줬다.

　그 말을 듣고 생각해보니, 처음에 사진기를 대여할 때 신분증도 맡기지 않고 보증금도 내지 않았었다. 현상을 기다리면서 생각해보니 의아했다. 만약 사진기가 파손되기라도 하면? 아니면 사진기를 갖고 도망가버리면 어쩌지? 하지만 하 대표는 해당화 사진관에 직접 와서 필름 카메라를 빌려서 한 장의 사진이 나오기까지 기다리는 사람들의 감성이라면 그럴 일은 절대 없을 것이라고 장담했다. 그들의 여행의 온기를 망치고 싶지 않았던 것이다.

　드디어 필름 현상이 완료되었다. 테이블 위에 있는 모니터에서 각자의 사진을 보며 웃고 행복해할 수밖에 없었다. 그리고 열 개의 시공간을 다시 고르고 10분 정도 더 사진 인화를 기다렸다. 그렇게 받은 사진은 막 인화된 사진이라서 정말 단어 그대로 따끈따끈 했

다. 여행의 기록이 담긴 사진은 그 온기를 잃지 않고 있었다. 디지털 사진을 찍을 때는 몰랐던 감성을 느끼면서, 다른 사람들은 어떤 사진을 주로 찍어오는지 궁금했다. 하 대표는 장기 대여해서 세계 곳곳에서 필름 사진을 찍어오는 스몰웨딩 사진부터 아기가 태어났을 때부터 자라는 순간순간을 기록하는 손님까지 마치 라이프 사진집 같은 사진들이 많다고 말해주었다. 특히 오래된 잠들어 있던 필름을 발견해서 가져오신 나이 많은 손님의 사진은 그들의 젊은 시절로 여행하는 것과 같은 느낌을 준다고 한다. 그들의 일상은 마치 라이언 맥긴리(청춘을 기록하는 사진가)의 사진과 같다.

사진기와 함께한 하루를 마무리하면서 해당화 사진관을 나오기

전 하나의 걱정이 들었다. 요즘 사진관이 이렇게 필름 현상과 사진 인화를 하지 않는 이유는 비용 때문이다. 그래서 과연 이 소중한 공간이 지속 가능할지 걱정이 될 수밖에 없었다. 하 대표는 상당한 장비 비용은 물론, 약품은 폐수 처리 과정도 필요하다고 했다. 그래서 필름사업은 수익면에서 좋지 않고 필름 가격도 몇 년 전에 비해 두 배 이상 올라서 걱정이라고 했다. 젊은 친구들이 저렴한 가격에 필름 사진을 경험하게 하기 위해서 필름 가격을 올리지 않고 있었다. 하지만 사업이 지속되기 위해서 적절한 수익은 필수이다. 그래서 암실을 오픈해서 현상 인화까지 체험할 수 있는 아이템 확장도 준비하고 있다고 한다.

뉴트로는 예전 것을 재해석하는 것이다. 나 역시 오늘 사진을 통해 일상을 재해석하고 나만의 시공간을 영원하게 간직할 수 있었다. 일상이 여행이 되기 위한 '사진'이라는 도구와 해당화 사진관이 위치한 동네는 나에게 완벽한 시공간을 선물해주었다. 머리가 복잡하고 모든 것이 답답할 때 하루 동안 하던 것을 내려놓고 해당화 사진관에 가서 사진기를 골라보면 어떨까?

Editor's comments

제임스

너무 많은 경험을 하게 되면 만족감이 오히려 떨어지는 가치의 역설을 설명하는 '한계효용 체감의 법칙'이라 것이 있다. 디지털 사진이 편하고 너무 좋다보니 우리에게 지극히 평범한 일상이 되어버렸다. 해당화 사진관은 필름 사진이라는 도구를 통해서 일상을 다른 렌즈로 바라보면서 천천히 여행할 수 있게 해주는 매개체다.

지나

'집밥'이라는 말을 떠올리는 것만으로도, 유독 김이 모락모락 나는 하얀 쌀밥과 함께 엄마가 생각나면서 마음 한구석이 따뜻해지는 이유는 무엇일까? 감정이 무뎌진 각박한 일상 속에서 마주치는 '온기'가 그만큼 소중해졌기 때문일 것이다. 휴대폰과 카메라로 습관처럼 사진을 찍고 인스턴트처럼 소비하는 일상에 익숙해진 우리에게 터치가 아닌 휠을 돌려 초점을 맞추고, 다시 필름을 되감고, 현상된 사진을 손꼽아 기다려 받는다는 것은 일탈에 가까운 경험이었다. 무엇보다 방금 막 인화된 사진에서 느껴지는 따끈한 온기의 경험은 생각보다 강렬했다. 이 따뜻하고 소중한 온기의 경험을 보다 많은 사람들과 함께 느끼고 싶다.

자연 속에

둘러싸여 꿈꾸는,

일상으로부터

단절이 필요할 때

상호 : 켄싱턴호텔 설악

주소 : 강원도 속초시 설악동 설악산로 998

전화 : 033-635-4001

웹사이트 : https://www.kensington.co.kr/hsr/

상호 : 카페소리

주소 : 강원 속초시 관광로 439

운영 시간 : 10~23시

전화 : 033-638-4080

SNS : https://www.instagram.com/_cafesori_/

#설악산 #속초 #일상여행 #바다산책 #단절 #당일치기 #사색여행 #휴식 #여가

▲ 켄싱턴호텔 설악　▼ 카페소리

"난 완전히 지쳤어." 꽤나 절망적인 표현이지만 어디에 사는 누구나 심심찮게 뱉어보는 말. 반복되는 일상의 굴레 안에서 모자람 없는 삶이지만서도 마음 한구석은 늘 답답했다. 평화와 민주주의의 시대라지만 끊임없이 눈칫밥을 먹으며 불안감을 느끼는 세대, 우리들의 이야기다. 남들처럼 멋지게 성공도 해보고 싶고, 재미없는 고스톱판을 뒤엎듯 인생도 시원하게 엎어버리고 싶지만 선뜻 용기를 내긴 어렵다. 번잡한 속세를 떠나 단 하루라도 걱정 근심 없이 일상을 즐길 수는 없을까.

일상의 풍경조차
끊임없이 설레게 만드는 곳

동으로는 설악을 두르고, 서로는 동해를 두른 도시. 평범한 시골 동넷길을 걷다가도 무심코 눈을 들면 옛 산수화에 나올 법한 고산이 병풍처럼 펼쳐져 낯섦을 선사하는 곳. 일상의 풍경조차 끊임없이 설레게 만드는 이곳은 속초束草다. 일상에 지쳐 탈출구를 찾고 있던 나를 위한 마성의 도시.

속초해수욕장과 아바이 순대, 관광시장에서 파는 닭강정과 씨앗호떡. 어릴 때는 이것들이 속초의 전부인 줄 알았다. 끊임없는 북적임과 정신없는 것이 좋았다. 적어도 세상 물정 몰랐던, 재미있게 하루를 보내야 하는 의무가 일상이었던 20대 초반에는 그랬다. 이제는 조용하고 한적한 것, 가만히 있는 것, 나만의 시간을 가지는 것이 좋다. 자연스레 바다보다는 산이 끌렸다. 동화 속 백설공주처럼 숲 속의 오두막집에서 조용히 여가를 보내는, 그런 일상이 간절해질 때쯤 눈에 들어온 것은 설악산이었다.

일상의 탈출구로 꿈꾸던 '그 산'이 왜 하필 설악산이어야 했는지는 꼬집어 설명하긴 어렵다. 울산바위 전설에서 풍기는 뉘앙스에서도 알 수 있듯이 어쩐지 보다는 못한 이미지가 있는 산. 38도선 위쪽의 한국 최북단 국립공원에 위치한 데다 산 이름에 눈 설雪 자가 붙을 정도로 겨울이면 얼어붙은 눈바람이 몰아치는 산. 마땅한 둘레길이나 산책 수준의 등산은 꿈도 못 꿀 만큼 바위가 많고, 험한 산세로 오르기도 어려운 산. 이런저런 이유로 다른 산들에 비해 찬밥 신세를 면치 못했던 설악산의 처지를 알게 될수록 못내 정이 가는 것은 왜일까. 늘 당연하게 1등과 비교당하는 처지가 우리네와 비슷하기 때문인지도 모르겠다.

숲속의 작은
영국 호텔

그런데 이 험준한 설악산 국립공원의 한 가운데, 웬 동화에서 튀

어나온 듯한 유럽풍 호텔이 있다. 일출명소를 아둥바둥 찾아가지 않아도 아침에 눈을 뜨면 설악산의 일출을 볼 수 있고, 조식을 먹다가 고개를 돌리면 설악산의 절경이 한 폭의 그림처럼 펼쳐진다. 호텔을 나서면 걸을 수 있는 평범한 산책로가 국립공원이고, 걸은 지 5분밖에 안 된 것 같은데 어느새 설악산 입구에 서 있다. 아무리 생각해봐도 '왜 이런 곳에 호텔이…?'라는 의문을 자아내게 만드는 이곳은 설악산국립공원 한 가운데 위치한 '켄싱턴호텔 설악'이다.

숲속의 작은 영국 호텔을 생각하며 만들었다는 겨울의 켄싱턴호텔 설악은 마치 〈그랜드 부다페스트 호텔〉 영화에 등장하는 1930년대 동화적인 풍경의 옛 동유럽 호텔을 연상케 한다. 험한 산 가운데 마술이라도 부린 듯 엉뚱하니 들어서 있는 호텔보다 이색적인 풍경이 또 있을까. 이렇게 특별한 장소를 독차지할 수 있었던 이유는 70년대로 거슬러 올라간다. 1978년 '뉴설악호텔'이라는 이름으로 첫 개장한 호텔은 사실 유신체제였던 박정희 정권 치하에 있었기에 설립 가능한 구조였다. 세간의 소문으로는 설악산을 방문한 박정희 전 대통령이 "이런 곳에 호텔 하나 있었음 좋겠네"라고 말하자, 그 뒤로 박정희 전 대통령의 휴양지를 위해 뚝딱 호텔이 지어졌다는 설이 있다. 말마따나 국립공원 한가운데 호텔이 세워지면서, 기존의 국립공원 매표소 위치 역시 자리를 옮겨 현재 기존 매표소 건물은 편의점으로 쓰이고 있다.

이유야 어찌됐건 대자연의 절경 한 가운데 호텔이 있다는 것은 새롭다. 호텔로 들어가는 자동차 도로인 설악산로조차 초입부터 절경이다. 굽이굽이 길을 따라 가로수가 즐비해 있는 도로를 달렸다. 조금씩 흐려지던 하늘은 막혔던 수로를 터뜨리듯 함박눈을 내뿜기 시작했다. 앞으로 보이는 설악의 위풍당당한 산세에, 자동차 속도에 맞춰 안기듯 쏟아져 내려오는 함박눈을 보고 있자니 겨울왕국이라도 입성한 듯하다. 차 문을 조금 열고 내리치는 눈발 사이로 손을 뻗었다. 차갑고 청명한 바람이 스친다. 후텁지근한 미세먼지가 그득하던 도시 공기에 비하면 눈이 시릴 정도로 시원한 공기가 일품이다.

주차공간은 호텔 로비의 입구를 따라 둥글게 형성되어 있었다. 주로 주말이나 휴일에 쉬러 오는 가족 단위 고객이 많은 리조트인 만큼 평일에는 차도, 사람도 한산한 편이다. 차에서 내리자마자 설

악산에서 불어오는 눈과 바람을 들이마신다. 가슴 속 켜켜이 묵었던 체증과 알 수 없는 갈증들이 해소되는 듯한다. 무엇보다 코앞에 펼쳐진 설악의 절경에 흩날리는 눈이 더해진 풍경은 다른 세상에 온 듯한 착각을 불러일으킬 정도다.

넋을 놓고 바라보다 문을 열고 들어선 호텔 로비는 또 다른 공간이다. 은은한 조명빛 아래 따뜻한 원목과 클래식한 패브릭이 더해진 가구들이 눈에 띈다. 영국의 고궁宮을 모티브로 꾸며진 공간이기에, 층별로 특별한 콘셉트가 있다. 이를테면 레스토랑으로 운영되는 2층은 '더 퀸'이라는 이름처럼 영국 여왕과 관련된 다양한 소품과 액자사진, 기념품들로 꾸며져 있다. 루프탑 테라스와 라운지바, 펍과 카페 용도로 활용되는 꼭대기 층인 '애비로드'는 영국이 배출한 세

객실로 가는 복도에는 유명 연예인의 기념 명패와 사진 등이 전시되어 있다.
신승훈의 액자와 가수 양희은의 사진들

기의 스타 비틀즈를 모티브로 구성되어, 실제 경매로 구입한 비틀즈의 애장품, 기념레코드, 기타 등이 벽면을 한가득 장식하고 있다.

7층 엘리베이터 문이 열리고 객실층으로 들어섰다. 차분하고 무던한 느낌의 별 감흥 없는 일반적인 호텔 객실층과는 확연히 다른 분위기에 두 눈이 휘둥그레진다. 이문세, 신승훈, 인순이, 양희은 등 1990년대 이름을 날리던 스타들의 기념 명패와 사진, 실제 공연의상 등이 각 객실 문앞에 가득하다. 박물관에라도 온 듯한 느낌을 주는 이곳의 테마는 '켄싱턴호텔 설악'으로 개명하기 전 '켄싱턴스타호텔'로 명성을 떨쳤던 당시의 흔적들이다. 재미있는 점은 층별로 테마가 다르다는 점이다. 7층이 가수들이었다면 8층은 한석규, 신구와 같은 영화배우들로 꾸며져 있다. 같은 방식으로 5층에는 스포츠스타, 6층은 각 국의 대사관이 주인공이다. 방문마다 꾸며진 스타들이 다르니 찾아가는 재미가 꽤나 쏠쏠하다. 만약 이 스타들이 오늘날의 방탄소년단과 아이유였다면 어땠을까. 누군가는 '내가 좋아하는 스타'의 이름이 새겨진 방을 차지하기 위해 안간힘을 썼을지도 모르겠다.

객실 문을 열고 내부로 들어서자 너무 과하게 화려하지도, 그리 낡지도 않은 단정한 클래식 가구들이 차분한 정적으로 손님을 맞이한다. 방 안의 공기가 조금 선선하게 감돌긴 했지만, 오는 내내 처음 보는 새롭고 진귀한 풍경들에 들떴던 마음이 달래지는 듯하다.

무거웠던 짐과 겉옷을 내려두고 잠시 방 안을 둘러본다. 이곳이 바로 일상과 완벽하게 단절된 '나만의 공간'이라고 생각하니 진정한 쉼을 찾은 느낌이다. 호텔 객실마다 달려 있는 창으로는 설악산 혹은 권금성 명소를 한 눈에 조망할 수 있다. 창문으로 보이는 설산의 풍경은 연신 꿈틀거리며 살아있는 한 폭의 그림이다. 언감생심 품을 수 없을 것 같은 야생의 설산이 호젓이 내 방 안으로 들어온 것만 같아 감개무량할 뿐이다.

전반적으로 느껴진 호텔에 대한 인상은 특급호텔과 부티크호텔의 중간 정도의 느낌으로 과하지 않게 편안했다. 관계자에 따르면 한겨울 시즌과 평일에는 조용하고 한산한 분위기가 계속된다. 조금 손님들이 몰린다면 아마도 매년 5월의 벚꽃과, 여름에 한창일 속초의 오징어철, 그리고 10월부터 시작되는 가을의 단풍을 즐기는 시즌 정도다. 물론 속세와 단절된 듯한 풍경, 산책으로 다녀올 수 있는 설악산, 이러한 적막함이 지겨울 때면 북적이는 재래시장과 멋진 카페들로 기분전환도 가능하다.

발길 닿는
또 다른 곳으로

켄싱턴호텔 설악에서 차량으로 20분 정도 이동하니 설악산책이라는 복합 문화예술 공간에 도착했다. 설악산책은 설악케이블카의 법인 설악문화재단이 운영하는 곳으로, 지역민들에게 지식, 음악, 쉼 등을 제공하고자 모든 시설을 무료로 개방하고 있다. 매월 다양한 교육과 프로그램, 이벤트 시설이 있지만 그중에서도 1만여 권의 도서를 소장하고 있는 북카페와 진공관 앰프와 고품질의 스피커로 70평 규모의 공간을 음악으로 가득 채우는 사운드카페 소리가 가볼 만 하다.

특히 사운드카페 소리는 2층 높이로 트인 높은 층고와, 고즈넉한 분위기, 공간 전체에 울려 퍼지는 클래식 음악으로 색다른 쉼을 선물한다. 공연장이라고 불러도 좋을 만큼 널찍한 이곳에서 단연 압

권을 차지하는 포인트는 전면 창밖으로 펼쳐진 설악산과 마을 풍경
이다. 일반적인 카페라면 아늑하지만 단조로운 공간에서 나의 자리
를 '확보'하고, 노트북이나 휴대폰을 켜서 손 안의 작은 세상을 탐
닉하기에 바빴을 텐데, 이곳에서는 왠지 보이는 자리에 앉아서 창
밖을 바라보며, 귓가를 메운 재즈클래식 소리에 귀를 기울이는 것
만으로도 멋진 여행이 완성되는 느낌이다.

속초, 또 다른

산속의 고즈넉함과 여유를 충분히 만끽하고 나선 해안길 산책코
스로 바다를 즐겨보기로 했다. 바다를 즐기는 방법은 여러 가지가
있겠지만, 사실 속초에는 약 20km 남짓의 구간 안에 아름다운 동해
안 해변길, 숲길, 마을길, 해안도로 등을 속속들이 볼 수 있는 유명
한 걷기 코스로 '해파랑길 속초구간'이 있다. 2009년부터 10여 명의
연구진과 걷기 전문가, 도보여행단체, 소설가, 시인, 여행작가 같은
전문가들이 참여해 만들어졌다고 하니 꽤나 믿을 만한 코스인 셈이
다. 이 멋진 여행 코스는 설악동 입구 설악항에 있는 설악해맞이공
원부터 해안선을 따라 북쪽으로 이어져 눈길이 닿는 끝까지 바다와
백사장이 펼쳐진 속초 해변과 순대로 유명한 아바이마을, 속초 중앙
시장과 동해안의 대표적인 석호潟湖 중 하나인 속초의 영랑호를 이

사운드 카페소리.
높은 층고와, 고즈넉한 분위기,
공간 전체에 울려 퍼지는 클래식 음악으로
색다른 쉼을 선물한다.

어 다시 해안을 따라 북쪽으로 올라가 장사항에서 끝을 맺는다. 물론 매우 간단히 오션뷰 카페에서 한적하게 시간을 보내는 것도 좋다. 속초 자체가 설악산과 동해에 둘러싸인 도시인 만큼 소위 분위기 깡패라 하는 카페들은 간단한 검색만으로도 찾을 수 있다.

설악산 국립공원에 있는 호텔을 출발점으로 해파랑길 속초구간을 조금이라도 맛보기 위해 택한 곳은 가장 가까운 거리에 있는 장사항이었다. 장사항 해안길은 동해안 코스의 끝자락에 위치해 있어 조용하고 한적한 바다를 앞으로 오션뷰 카페들과 횟집이 빼곡히 늘어서 있는데, 어느 곳을 방문하든 눈앞에 바다와 함께 여유롭게 하루를 만끽하는 데 부족함이 없었다.

바다를 충분히 눈에 담고 이번엔 내륙으로 발걸음을 돌렸다. 바삐 움직이는 상인들의 몸짓과 관광객들의 흥정소리가 시끌벅적한 분위기를 고조시키는 속초중앙재래시장에서는 사람냄새가 물씬 났다. 덩달아 차분히 가라앉아 있던 기분도 들뜨기 시작한다. 오만 가지 물건과 사람이 복작거리는 시장은 구경할 거리도 요깃거리도 넘쳐났다. 간단히 둘러보고 땅거미가 바다 위로 드리워질 때쯤, 회센터가 가득한 수산시장으로 자리를 옮겼다. 요리 하나를 시키면 반찬이 최소 다섯 개는 따라오는 한국인 특유의 푸짐한 인정 덕분에 바닷내음을 한껏 품은, 쫄깃하고 고소한 모듬회를 몇 접시나 배불리 먹었다. 호텔로 돌아가는 길에는 부른 배만큼 마음까지 풍요롭다.

도시에서는 온전히 쉰다는 것이 때로 어렵게 느껴질 때가 있다.

나 홀로 평화로운 시간에도 문득 외로움이 밀려오기도 한다. 속초는 서울에서 단 2시간 남짓 거리지만 꽤나 신선한 일상을 경험하기에 안성맞춤이다. 무엇보다 산과 바다로 둘러싸인 자연 속에서 잡초같이 마음 한구석을 덮고 있던 쓸모없는 걱정으로부터 오롯한 해방감을 경험했다. 나의 속초, 이곳에서만큼은 언제나 단조로운 일상에 안녕을 고할 수 있기를 바란다.

Editor's comments

제임스

비행기, 놀이공원, 블로그 맛집, 이 세 가지를 싫어한다. 공통점은 바로 '기다림'이다. 기다림으로 기쁨이 두 배가 된다고 하지만 나는 기다림 때문에 기쁨이 반감된다. 그런 측면에서 속초라는 도시와 그 곳의 공간들은 기다림 없는 기쁨만을 내놓는다. 게다가 같은 강원도지만 전통적인 관광도시 강릉과 서핑 때문에 새롭게 떠오른 양양과는 달리 매우 평화롭고 조용한 도시이다. 실제로 소셜분석을 해보면 두 도시에 비해 속초는 '다양하다'와 '평화롭다'라는 감정어가 눈에 띈다. 산과 바다, 게다가 한옥마을까지, 다양한 매력을 갖고 있는 숨겨진 도시 속초는 혼자서 멍 때리며 쉬어갈 수 있는 최고의 공간이다.

지나

어릴 땐 안 그랬던 것 같은데, 점차 나이가 들다보면 나의 하루가 왜 이리도 짧은지 서글퍼질 때가 있다. 하루에도 몇십 개씩 약속을 잡을 수 있었던 과거와 달리, 일주일에 한 번 사람을 만나는 일도 어렵다. 우스운 일은 공적인 일정을 잡는 것은 숨 쉬는 것만큼 당연한데, 나를 위한 사적인 약속을 잡는 것은 참으로 어려운 일이다. 그래서인지, 나를 위한 여행을 떠난다는 것은 쉽지 않았다. 막상 여행을 떠나려고 해도 여행지를 찾는 것부터, 일정을 정하고, 무엇을 먹을지, 어디를 갈지, 무엇을 볼지 고민하는 것 자체가 일의 연속 같았다.

그런데 이번 속초는 사뭇 달랐다. 목적지가 따로 정해진 것도 아니었고 철저한 조사를 통해 정해진 루트대로 움직인 것도 아니었다. 속초에 인연이 있는 것도, 해야 할 미션이 있었던 것도 아니었다. 그래서일까. 소위 말하는 그 '목적'이란 것을 내려두니 거창한 여행이 아닌 일상이 되었다. 특별한 여행지에서 유명한 맛집을 찾는 것이 아닌, 배가 고프니 밥을 먹는 것. 설악산의 각종 명소를 찾아 힘겹게 등산을 해서 사진으로 인증해야 하는 것이 아닌, 설악산을 눈앞에 두고 보는 것만으로 만족하는 것. 다시 한 번 뒤돌아봐도 이것은 여행이 아니었다. 지극히 평범한, 그래서 더 편안했던 일상이었다.

평범한 일상을
분리시켜주는
공간

상호 : 워커힐 라이브러리

주소 : 서울시 광진구 워커힐로 177 그랜드 워커힐 서울 2층

운영 시간 : 매일 08~22시

전화 : 02-450-4575

상호 : 워크플렉스 롯데월드타워

주소 : 서울시 송파구 올림픽로 300 롯데월드타워 30층

라운지 운영 시간 : 평일 09~18시

홈페이지 : https://www.workflexpremium.com/

상호 : TEC SFC

주소 : 서울시 중구 세종대로 136 서울파이낸스센터 21층

홈페이지 : https://www.executivecentre.co.kr/

#롯데월드타워 #TEC #탈출 #코워킹 #북카페 #호텔느낌 #분리 #워커힐

워커힐 라이브러리

워크플렉스 롯데월드타워

TEC SFC

한때 독서모임이 유행하더니 이제는 글쓰기 모임이 적잖이 보인다. 모르는 사람과 혹은 지인들과 카페와 모임공간을 빌려서 글감을 나누고 함께 글을 쓴다. 나만의 책을 내고 싶어서 쓰기도 하고 단순히 기록하고 싶어서 쓰기도 한다. 치유의 목적으로 쓰기도 하고 취미로도 쓴다. 혼자서 상상하고 문장을 머릿속에서 되새기고 손가락을 통해 내보내고 다시 눈을 통해 들어온다. 글쓰기는 나 혼자서 여행하는 것만 같다. 보고 상상하고 정리하고 다시 또 보는 그 일련의 과정이 홀로 여행지를 돌아다니는 경험과 흡사하다. 나 역시 기록하고 싶어서 글쓰기를 시작했다. 글쓰기 모임도 참여했고 혼자서도 몇 시간이고 끄적였다. 혼자서 작업할 때는 공간이 너무 중요하다. 그래서 나에게 맞는 공간을 찾아서 여러 곳을 배회했다.

나에게 적합한 글쓰기 공간은 많은 조건이 필요하다. 편안한 인테리어, 너무 높지도 낮지도 않은 조도, 시끄럽지도 너무 조용하지도 않은 음악, 함께 그 공간을 소비하고 있는 사람들의 스타일, 공간 매니저의 방해 정도, 공간의 냄새 등이 융합되어 하나의 감정으로 다가온다. 때로는 구두 소리를 얼마나 흡수시키는지 바닥의 재질도 영향을 준다. 무조건 조용한 곳이 좋다는 것이 절대 아니다. 종합해서 생각해보면 딱 하나의 평가 조건이 존재한다. 바로 "일상을 얼마나 분리시킬 수 있는가"이다. 우리가 사무실에서 글 쓰지 못하는 이유가 무엇일까? 굳이 집에서 나와 카페에서 글 쓰는 이유가 무엇일까? 바로 일상을 분리시킬 수 있는 공간과 장치가 필요하기 때문이다.

　'디지털 노마드'의 정의를 찾아보면 "첨단 디지털 장비를 갖추고 여러 나라를 다니며 일하는 사람"이다. 즉 장소에 상관없이 원격으로 본인 혼자서 또는 협업하면서 일하는 사람이다. 평생직장이 없어진 요즘 많은 사람들이 자유롭게 그리고 길게 생존할 수 있는 '디지털 노마드'를 선호한다. 일상과 다른 이국적인 여행지에 가서 바닷가를 보며 편안한 의자에 앉아서 노트북을 열고 일한다. 일하다가 지루하면 눈을 돌려 다시 풍경을 보거나 걸어 다니면서 금방 재충전한다. 바로바로 재충전되니 번아웃 될 수 없다. 이것이 디지털 노마드의 장점이다. 그래서 이국적인 환경에서 인터넷 속도 역시 빠르면서 합리적인 물가로 지낼 수 있는 발리 우부드와 태국 치앙마이가 노마드의 성지로 떠올랐다.

　하지만 모두가 이렇게 디지털 노마드가 되어 떠날 수는 없다. 글쓰고 싶을 때마다 해외를 갈 수는 없다. 그렇다면 온전히 내가 혼자서 상상하고 재충전하면서 글 쓸 수 있는 공간이 주변에 없을까? 나를 일상에서 분리시킬 수 있는 공간 말이다. 그래서 글쓰기 위한 세 곳의 공간을 소개하고자 한다. 서울을 탈출하는 느낌을 주는 '워커힐 라이브러리', 도시를 조망할 수 있는 '워크플렉스 롯데월드타워', 싱가포르 호텔 커피숍에 있는 것만 같은 'TEC SFC', 당신의 글쓰기 시간을 일상의 여행으로 만드는 이 세 공간을 소개하고 싶다.

워커힐 라이브러리

강변북로를 따라 우측의 한강을 보며 서울을 지나 구리로 넘어가기 직전 그랜드 워커힐 서울 호텔이 보인다. 마치 서울을 탈출하는 느낌이 든다. 워커힐 호텔은 다른 도시 호텔에 비해 면적도 널찍하고 아차산에 접해 있어 마치 산속을 들어가는 것만 같다. 긴 입구를 지나서 깨끗한 호텔 로비에 들어가면 특유의 기분 좋은 향을 맡을 수 있다. 바로 2층으로 올라가면 북카페 '워커힐 라이브러리'가 보인다. '워커힐 라이브러리'의 자체 공간도 너무 좋지만 이곳까지 찾아오는 과정이 일상을 벗어나는 느낌을 준다. 요즘 해외 멋진 곳으로의 여행 대신 나 자신에게 쉼을 주고 싶을 때 '호캉스'라고 하

는 호텔에서의 휴식을 선호하는 사람들이 늘고 있다. 그래서 글 쓰는 목적으로 호텔을 찾아간다는 경험도 일상을 분리시켜주는 장치가 돼서 매우 색다르다.

　호텔 로비는 향과 조명 그리고 사람들이 즐기고 있는 모습 덕분에 나의 기분을 편안하게 만든다. 하지만 번잡하다. 그리고 오래 앉아 있지 못하는 잠시 쉬어가는 공간이라는 느낌이 강하다. '워커힐 라이브러리'는 로비와 '책장'으로 경계를 만들어 분리되어 있는 공간을 구성하고 있다. 들어오면 다른 세상이 나타난다. 번잡한 호텔 로비와 물리적으로 분리된 이곳은 정말 도서관에 온 것만 같은 상상을 하게 한다. 호텔 전체 입구에서 한 번, 로비에서 한 번, 그리고 마지막으로 '워커힐 라이브러리'의 책장이 나의 일상을 명확하게 분리시켜준다. 이제 나는 글쓰기를 위한 일상이 아닌 공간으로 왔다.

책장 넘어서 들리는 바깥사람들의 대화 소리가 백색소음 ASMR 을 듣는 것만 같다. 너무 고요한 사무실보다 글쓰기에 더욱 잘 맞는 환경이다. 적당한 조도와 이 경험이 내가 최고로 글쓰기 좋은 환경 을 만들어준다. 북카페답게 책장에는 여러 나라의 여행 책부터 마 블 코믹스, DC 코믹스의 한국어 번역판이 보인다. 흔하지 않은 도 서들이 내 글감의 소재가 되어 주는 것은 물론, 내 기분을 환기시켜 준다. 주말에 방문했는데 좌석이 꽉 차지 않아서 한적하고 그에 잘 맞는 음악이 흐른다. 공간은 크게 두 곳으로 나누어지는데, 좌측 공 간은 조명이 밝아서 글쓰기에 적합하다. 우측 공간은 소파도 있고 조도가 낮아서 편안하게 책 읽으면서 잠시 쉬기에 걸맞다. 입장료 가 따로 없기에 만원 넘는 가격의 커피(풀바셋 원두)가 전혀 비싸다는 생각이 들지 않는다. 마치 〈해리 포터〉 영화를 촬영한 뉴욕 공공도 서관을 작게 축소해둔 것만 같은 이곳은 나의 글쓰기를 위한 하루 를 선물해줬다.

워크플렉스
롯데월드타워

멀리서부터 눈을 사로잡는 롯데월드타워에 또 하나의 일상의 분

멀리서부터 눈을 사로잡는 롯데월드타워

1 타워 1층 로비에서부터 새하얀 인테리어가 나를 맞이한다.

2 창을 통한 자연광은 공간을 기분 좋게 꽉 채운다.

3 통유리에 가깝게 넓은 창으로 구성되어 있어 채광이 상당하다.

리를 돕는 공간이 있다. 그곳으로 가기 위하여 롯데월드타워로 향했다. 타워 1층 로비에서부터 새하얀 인테리어가 나를 맞이한다. 로비 직원 역시 롯데 시그니엘 호텔 소속으로 호텔 특유의 친절함으로 다가온다. 엘리베이터를 타고 귀가 먹먹해질 때쯤 30층에 도착한다. '워크플렉스 롯데월드타워'는 넓고 쾌적하고 깨끗하고 정말 일관되게 새하얀 느낌으로 꽉 차 있는 공간이다. 왜 이렇게 새하얀 느낌이 드는지 살펴봤지만 여러 개의 노란 조명의 조도는 그리 높지 않았다. 다만 공간 한 면이 통유리에 가깝게 넓은 창으로 구성되어 있어 채광이 상당하다. 창을 통한 자연광은 공간을 기분 좋게 꽉 채운다. 이곳은 편안하게 책 읽기보다는 글 쓰고 작업하기에 적합한 환경이다.

밝은 느낌의 피아노 연주곡은 신경 쓰지 않으면 들리지 않을 정도로 흘러나온다. 나의 집중을 더욱 가속화시켜준다. 라운지의 좌석들은 간격도 상당히 넓고 쾌적하며 많다. 의자의 종류 역시 다양하다. 마주 보고 회의할 수 있는 소파는 푹신푹신 하지만 푹 꺼지지 않는다. 90도에 가깝게 되어 있어 집처럼 늘어지지 않고 내가 글 쓰는 것을 도와준다. 긴 원목형 테이블에는 좌석을 지그재그로 배치하여 오픈형 공간에서 내 공간이 분리되어 있는 느낌을 준다. 사실 요즘 보통의 코워킹 스페이스는 라운지(핫 데스크) 공간보다는 입주사 공간에 더 많이 신경 쓴다. 그럴 수밖에 없는 것이 라운지 공간은 얼마나 많은 손님이 올지 예측도 힘들고 지속적이지 않다. 반면

49

에 입주사 공간은 최소 반년 이상 매월 고정 매출을 만들어주는 고마운 고정 고객이기 때문이다. 하지만 이곳은 라운지 공간 역시 많은 공을 들인 것이 느껴진다. 넓고 쾌적한 공간 덕분에 회의하는 사람의 소음이 그리 신경 쓰이지 않는다.

사실 이 정도 쾌적함과 시설을 갖고 있는 코워킹 스페이스는 서울 내에 다수 존재한다. 하지만 다른 곳이 주지 못하는 딱 하나의 경험이 있다. 바로 높이에 의한 일상과의 분리이다. 창가 테이블에 앉아서 보는 뷰는 절반 이상이 하늘로 채워져 있어서 집중과 상상을 도와준다. 우리는 대개 눈앞에 움직이는 사물보다 여백이 많을 때 상상을 하곤 한다. 바로 앞에 보이는 석촌호수와 롯데월드는 마치 다른 나라에 여행 온 것과 같은 느낌을 준다. 일상을 여행하는 경험은 일상 속에서 색 다름을 발견하는 것과 같다. 《도시는 무엇으로 사는가》(유현준 저)에서 "현대 도시들이 지루한 느낌을 주는 이유는 골목은 없고 복도만 있기 때문이다"라는 내용이 나온다. 잠실이라는 지역도 도시 한복판에 서 있으면 특별한 경험이 아니다. 하지만 높은 곳에서 보니 마치 여행지와 같다. 호수 가운데 장난감처럼 보이는 성은 동화나라 같다. 반대편에는 8차선 도로가 보이고 조금 더 우측으로 고개를 돌리면 3개의 한강 다리(잠실대교, 청담대교, 영동대교)와 함께 한강 줄기가 보인다.

즉 호수, 도시, 강, 높은 하늘을 한눈에 담을 수 있으니 지루하

잠실이라는 지역도 도시 한복판에 서 있으면 특별한 경험이 아니다.
하지만 높은 곳에서 보니 마치 여행지와 같다.
호수 가운데 장난감처럼 보이는 성은 동화나라 같다.

지 않다. 물론 다 멋진 것은 아니다. 한강 옆 빼곡한 성냥갑 같은 아
파트 단지는 마치 병동 같다. 무섭다는 느낌이 든다. 그래서 글 쓰
다 막힐 때 눈을 돌리면 더욱 다양하고 지루하지 않다. 시간대에 따
라 도시의 색상까지 달라지니 마치 움직이는 그림을 앞에 걸어놓고
글 쓰는 느낌이 든다. 자연스럽게 많은 글감을 내게 던져 준다. 이

모든 것이 나를 현실과 분리시켜 주는 완벽한 장치이다. 단순하지만 높이라는 장치는 공간감을 무한대로 확장시켜 준다. 최근 15층에 위치한 카페를 다녀온 적이 있는데, 15층과 30층은 높이로 보면 2배이다. 하지만 뷰로 의한 감동과 집중은 2배가 아니라 10배, 100배 차이로 다가온다. 뷰에 보고 있으면 공간의 제약이 없다는 느낌이 들어서 무한하게 느껴진다. 외부의 환경까지 공간의 일부로 포함돼버린다. 오래 앉아서 글을 쓰다 보면 바람 쐬고 와야겠다는 생각이 들곤 한다. 새로운 영감을 찾고 머리를 비우려는 목적이다. 하지만 이곳은 그 높이와 분위기로 인해 눈을 들 때마다 자연스럽게 재충전의 경험을 제공한다.

TEC(디이그제큐티브센터)

SFC(서울파이낸스센터)

TEC는 전 세계의 130개의 서비스드 오피스를 운영하는 글로벌 기업으로, 서울에도 여러 개의 센터를 운영하고 있다. TEC SFC는 광화문 역 바로 앞 서울파이낸스센터 21층에 위치한다. 돌이켜 생각해보니 이곳에 5년 전 한 외국계 기업의 지사장님을 만나러 온 적이 있었다. 지사장님은 이제 막 한국 시장을 세팅하러 오셔서 혼자임이 분명한데 사무실도 상당히 컸고 비서도 있어서 굉장히 럭셔리

1 공유 오피스 개념에 다양한 부가서비스가 존재하는 서비스드 오피스의 형태
2 일반 카페보다 훨씬 좋은 호텔 카페 느낌의 코워킹 공간

한 느낌을 받았었다. 알고 보니 공유 오피스 개념에 다양한 부가서
비스가 존재하는 서비스드 오피스의 형태였다. TEC SFC가 있는
21층에 올라가서 든 첫 느낌은 호텔 커피숍에 온 것만 같았다. 컨시

어지 서비스와 같은 운영 매니저의 친절함, 그리고 평창올림픽 프랑스 홀에서 바리스타로 있었던 전문 바리스타와 라운지 바는 일상에 지쳐 있을 때 대접받는 느낌을 주고 있었다.

안마 의자에 누운 것 같이 편한 소파에 기대면 남산이 살짝 보인다. 잔잔한 음악과 조도는 글 쓰러 간 편안한 카페가 생각난다. 하지만 일반적인 카페는 다소 시끄럽고 자리도 좁은 경우가 있다. 이곳은 일반 카페보다 훨씬 좋은 호텔 카페 느낌의 코워킹 공간이다. 그리고 요새 많이 보이는 모던한 느낌의 코워킹 오피스보다 차분하고 클래식한 느낌이 강하다. 이는 샹들리에, 조도가 조금 낮은 조명, 벨벳과 가죽 느낌의 소파들, 고급스러워 보이는 러그 등의 장치가 뒤섞여서 주는 감정이었다. 이 모든 것이 나를 편안하게 해주고 일상을 잊게 만들어준다. 호텔 로비에 가면 편안하나 사람들이 돌아다녀서 오래 있지 못한다. 하지만 여기는 그 느낌을 지속되게 해준다.

실제 이곳의 7년 차 운영 매니저(이현숙 차장)와 대화를 해보니 내 느낌의 이유를 알 수 있었다. 센터가 벤치마킹 및 지향하는 공간이 호텔이었으며, 센터 직원 대부분이 호텔에서 근무했던 경력을 보유하고 있었다. 요즘 힙한 느낌의 코워킹 센터에 비해 모든 직원이 슈트를 입고 능동적으로 게스트의 문제를 대처하려 하는 모습들이 나에게 무언가 대접받는 느낌과 호텔을 떠오르게 했던 것 같다. 그들의 목표 또한 TEC가 협력자로 느끼게 하는 것이라고 했다. 물론 철저하게 게스트의 프라이버시는 지켜주려 했기에 이 공간은 내게 "안정감"을 느끼게 해 주었다. 글 쓰고 싶지만 일상에 지쳐 있어서 일상과 분리되고 싶을 때 가까운 곳에 있는 이 공간으로 간다면 어떨까?

제임스

작가로서 글 쓰기 위한 나만의 공간을 '집필실'이라고 한다.

일부 기관과 단체에서는 무료 또는 저렴하게 좋은 공간을 작가를 위한 집필실로 제공한다.

서울프린스호텔은 매년 등단 작가를 모집하여 한두 달가량 객실은 물론 삼시세끼 식사와 커피까지 무상 제공하며 작가의 집필 활동을 적극 지원한다.

류시화 시인은 작가라면 누구나 적당한 빛이 들고 월세와 소음으로부터 해방된 이상적인 집필실 갖기를 소망한다고 한다.

그렇다면 나의 집필실은 어디일까? 집 앞 카페? 아늑한 내 방? 모두가 퇴근한 사무실? 우리 모두 등단 작가는 아니어도 자신만의 집필실 갖기를 소망한다. 제각기 선호하는 조건은 모두 다르겠지만 글 쓰는 공간의 필수조건은 낯선 공간이 아닐까라는 생각이 든다.

그 낯설음은 일상을 분리시킬 때 나올 수 있다. 나에게 이 세 개의 공간은 일상을 낯설게 만들 수 있는 분리의 도구다.

지나

조용한 글쓰기 작업이 필요할 때마다 종종 동네카페를 찾는다.

다만 손님이 꽤 많거나 자주 직원들과 마주치는 곳이라면 퍽 눈치가 보이므로 2~3시간에 한 번씩 커피를 사먹느라 하루에 5잔도 넘게 마신 적이 있었다. 이럴 땐 유독 '나만의 글쓰기 공간'이 없다는 것이 꽤나 서글프다.

카페만큼 눈치 보지 않으면서 집만큼 편안하게 있을 수 있는 곳이 간절해진다.

이런저런 이유로 쾌적하고 편안하면서 환경이 갖추어진 곳을 찾고 있다면 이번 주말에는 이 세 곳 중 하나를 방문해보는 것은 어떨까.

2부

나만의
책방을
찾아서

특별히
애쓰지 않아도 돼,
어린 시절 비밀 책방이
그리워질 때

상호 : 페잇퍼

주소 : 서울시 서대문구 연희로15안길 32-7

인스타그램 : https://www.instagram.com/paperr.bookshop/

웹사이트 : https://linktr.ee/paperr.bookshop/

#만화책 #그림책 #추억여행 #유년시절 #취미생활 #동네책방 #덕질

　케케묵은 숨을 토해내며 달리는 버스에서 오랜만에 스마트폰이
아닌 창밖을 바라본다. 낯선 듯 낯익은 동네가 정겹다. 크고 작은
키들의 집들이 삼삼오오 모여 있는 곳, 하늘 아래 얼기설기 얽매여
진 전깃줄들이 언뜻 시골마을 풍경을 생각나게 하는 곳. 오늘은 연
희동에 왔다. 왠지 오늘만큼은 아날로그로 살기로 했다.

　버스를 내리자 시끌벅적한 인근의 연남동, 합정역이 있는 서교
동과 달리 연희동 특유의 조용한 주택가 분위기가 사뭇 마음을 설
레게 한다. 유년시절 잘 모르는 친구의 집을 찾아 낯선 동네, 낯선
아파트 단지를 헤맬 때 느낌이랄까. 다양한 집들과 작은 가게들이
옹기종기 모여 있는 골목을 지나 조금 더 들어가니 오늘의 목적지

가 보인다. 'paperr'. 페잇퍼를 익살스럽게 휘갈겨 쓴 영문필기체 간판이 눈에 띈다. 입구에는 'MISSION'이라 쓰인 QR코드 스티커와 함께, 온라인으로 미리 예약을 해야만 받을 수 있는 입장 비밀번호를 입력하

라는 체크인 안내문이 쓰여 있다. 동네 책방이라면 왠지 벌컥 문을 열고 들어가는 것이 자연스러울 법도 한데 솔직히 좀 낯설다. 뭔가 '우리 멤버만 들어오시오'라는 일종의 비밀코드 같기도 하고, 보아하니 아지트스럽기도 하다.

그림책 애호가의 비밀책방이라 불리는 페잇퍼는 낡은 주택을 개조한 동네 책방이다. 크게 그림책 공간과 만화책 공간으로 구분되어 있는데, 각 공간마다 또 작은 방과 코너들로 나뉘어져 있다. 입장 코드를 입력하고 로비에 들어서니 정면에 그림책방으로 올라갈 수 있는 계단이 보이고 좌측에 자동문이 하나 보인다. 냉큼 계단부터 올라가보고 싶은 마음을 뒤로 하고 또 다른 로비로 입장한다. 이곳의 멤버로 정식 입단하기 위해서는 입구 좌측으로 보이는 1층 로비에서 체크인 시스템을 거쳐야 하기 때문이다. 온라인으로 미리 회원가입한 정보를 준비된 태블릿을 통해 입력하면 사용 시간과 각종 음료 및 간식, 간단한 식사메뉴를 함께 주문할 수 있는 메뉴창이 나타난다. 체크인/아웃 시간이 회원정보로 자동 기록되다 보니 실제 사용시간에 맞춰 금액이 정산되고, 음료나 식사 등을 주문했다면 1층 로비에 있는 매니저님이 직접 조리 후 자리로 배달해주는 방식이다.

마침 출출하던 차라 간단한 식사를 주문하기 위해 사이드 메뉴를 둘러보고 있는데 요상한 메뉴들도 보인다. '고양이맘마?', '어제 뭐먹었어 라면?' 대체 이게 다 무슨 메뉴일까 심각하게 고민하던 찰나 구세주 같은 매니저님이 나타나 이것저것 설명해준다. 고양이맘마는 심

입장코드 입력 후 입장하면 그림책 공간과 만화책 공간으로 나뉘어진다.

야식당에 등장한 가쓰오부시를 뿌린 버터밥, 어제뭐먹었어 시리즈 라면은 말 그대로 페잇퍼 매니저님이나 사장님의 취향대로 끓이는 '취향라면'이라고. 품절인 것들도 있다. 아직 이방인인 나에게는 낯설지만 이곳 멤버들에게는 꽤 인기가 많은 듯하다.

　마실 것과 간단한 끼니까지 전투적으로 주문을 마치고 이어진 계단을 따라 2층으로 올라선다. 이곳은 만화책방. 올라선 순간부터 향수 가득한 만화책들이 머리꼭대기 높이의 선반 안에 그득하다. 조금 빛바래고 낡은 책들부터 최근 들어온 듯한 신간 서적까지, 너나 할 것 없이 자신을 골라줄 손길을 기다린다. 만약 내가 유년시절처럼 친구의 집을 찾아 놀러온 것이라면 정말 제대로 찾아온 것이

분명하다. 천 권도 넘게 쌓여 있는 만화책들이 만화가별로 차곡차
곡 분류되어 있는 것을 보면 누군지 몰라도 이 집의 주인은 굉장한
덕후임이 틀림없으니까.

만화책방은 3~4인 정도가 앉을 수 있는 작은 방과, 코너를 돌아
야만 보이는 숨겨진 2인석 공간, 그리고 조금은 넓게 트여 있는 다
인석 공간으로 오밀조밀 나눠져 있다. 어디든 자리를 잡고 주위를
천천히 둘러본다. 나긋나긋한 음악 소리와 따뜻한 조명, 그리고 종
이책 냄새. 처음 와본 낯선 곳이라는 경험이 무색하게 편안한 분위
기에 긴장이 풀려버렸다. 문득 이런 분위기에 구두와 캐주얼 정장
을 입고 왔다는 것이 부끄럽기도 했다.

일반적인 동네 만화방과 조금 다른 점이 있다면, 계산대 앞을 서

시원시원하게 펼쳐진 예쁜 그림들을 휙휙 넘기다보니 책 몇 권이 금방이다.
누가 책 읽기가 어렵다고 했던가.

성이는 직원이나 책방주인의 모습도 보이지 않고 최대한 많은 자리를 채우기 위해 일렬로 죽 늘어선 의자에 앉아야 할 필요도 없다는 것이다. 그래서일까, 낯선 듯 익숙하게 느껴지는 이 분위기를 곰곰이 생각해보니 마치 부모님이 집을 비운 친구 집 거실 같다. 비유하자면 그랬다. 완전히 내 집 안방 같은 건 아닌데 굉장히 편안해서 언제까지고 한량처럼 머무를 수 있을 것 같은 그런 느낌. 흔히 멋있고 세련된 도서관이나 카페공간에 가면 뭔가 '지적으로' 열심히 해야 할 것 같은 의무감이 생기지만 이곳이라면 예외다. 이곳에서 열중해야 하는 것은 오로지 만화책이나 그림책, 혹은 주문한 식사가 나왔을 때뿐이었다.

다시 로비를 내려와 이번엔 그림책 공간으로 자리를 옮겨본다.

좁고 구불구불한 계단을 오르니 3평 남짓의 공간에 컬러플한 그림책들이 가득하다. 옆으로 나있는 계단을 오르니 또 비슷한 공간이 3층까지 이어진다. 그림책방은 만화책이 모여 있는 공간보다는 협소한 편이지만 다락방같은 아지트 느낌을 물씬 풍겼다. 재미있어 보이는 그림책 몇 권을 골라 작은 창 앞에 자리를 잡고 앉아본다. 시원시원하게 펼쳐진 예쁜 그림들을 휙휙 넘기다보니 책 몇 권이 금방이다. 누가 책 읽기가 어렵다고 했던가. 대한민국 성인 중 절반은 독서량이 1년에 채 1권이 되지 않는다는 통계 결과가 우습다.

정신없이 그림책을 넘기며 읽다 보니 어느새 날이 저물기 시작했다. 고개 너머로 보이는 창 앞으로는 동네 골목 사이로 벌써 저녁 땅거미가 내려앉는다. 노곤한 몸을 감싸는 따스한 조명빛이 기분까지 나른하게 만든다. 이대로 있다간 꾸벅 졸 것만 같아 자리를 정리하고 일어난다. 생각해보니 그림책을 읽다가 졸아본 적은 또 언제였던가. 그저 작은 동네 책방에 온 것뿐인데 하나부터 열까지 감회가 새롭다. 마음 한구석에 그저 쌓여만 있던 유년시절 그립고 따스한 추억들을 이곳 비밀 아지트에 남겨둔 채 문을 나선다. 다시 현실로 가는 버스를 타기 위해 환히 켜진 스마트폰으로 시간표를 확인하며 바쁜 발걸음을 옮긴다.

Editor's comments

지나

어느새부턴가 아무 생각 없이, 걱정 없이 누군가 만든 이야기 세상에 푹 빠진다는 것은 어려운 일이 됐다.

늘 시간에 쫓겼고 일에 치였기에 더욱 그랬다.

그래서인지 누가 알려주지 않아도 쉽고 편하게 읽을 수 있는 그림책들, 누가 먼저 권하지 않아도 내가 읽고 싶은 목록이 넘쳐나는 만화책이 쌓여 있는 연희동의 작은 동네책방이란 나에게 다른 세상이었다.

처음엔 마냥 편했고, 때로는 이곳에서 '열심히 살지 않아도 돼'라고 격려받기도 했다.

잠시나마 '쫓기듯 살아가는 일상'이 아닌 '즐기며 쉬어가는 일상'을 만들 수 있게 해준다는 것이 새삼 고마운 공간이다.

제임스

데이터 과학 분야에 '차원의 저주The curse of dimensionality'라는 용어가 있다.

보통 차원이 높아질수록 성능은 높아진다. 어떤 한 회사에 대해서 매출과 종업원 수라는 두 개의 차원(변수)으로만 보는 것보다 부채규모, 업력, 기술인증, 신용평가, CEO 평판의 요소까지 늘려서 총 7개의 차원(변수)으로 바라보는 것이 더 정확하게 그 회사를 파악할 수 있는 것과 같다.

그런데 이때 차원을 계속 늘리다 보면 어느 순간 성능이 급격히 떨어져 버리는 순간이 온다. 차원의 저주는 그 현상을 말하는데, 이는 우리 인생도 마찬가지다.

신경 쓸 것과 애쓰는 것이 많아지다 보면 어느 순간 삶의 질이 곤두박질쳐버린다. 곤두박질치기 전에 페잇퍼에 가서 어릴 적 군것질하며 만화책 보던 추억 속으로 잠시 도망가는 것은 어떨까?

후암동에서
혼자 쉬어가고
사색하기

상호 : 후암서재

주소 : 서울시 용산구 두텁바위로1길 69-1

웹사이트 : http://www.project-huam.com/

인스타그램 : https://www.instagram.com/huamsharedstudy/

운영 시간 : 낮 10~18시, 밤 19~02시

요금 : 개인 18,000원 / 대관(4인 기준) 60,000원

#쉬어가기 #사색하기 #경험의확장 #후암서재 #후암동 #프로젝트후암 #공유 공간 #마을 #도시공감

　최근 숙박업계 넷플릭스라고 불리는 숙박 중계 서비스 '스테이폴리오'는 '머무름 자체로 여행이 되는 곳'이라는 가치를 말하고 있다. 어떻게 머무름 자체가 여행이 될 수 있을까? 여행이 나에게 주는 가치는 여러 가지가 있다. 가장 중요한 두 가지는 '쉼'과 '경험'이다. 여행의 쉼을 통해 새로운 에너지를 얻고 돌아가며, 경험을 통해 기존 나의 세계가 더욱 넓게 확장된다. 거꾸로 말하면 여행은 사색하면서 충분히 쉴 수 있어야 하고 평소와 다른 경험을 주어야 한다. 그런 측면에서 스테이폴리오의 숙소들은 쉼에 대한 갈망을 모두 해결해줄 것만 같은 공간을 제공해서 주목받고 있다. 숙소들은 전부 고유의 콘텐츠가 담겨 있어 온전히 쉬면서도 색다른 경험도 제공한다.

스테이폴리오가 '숙소'에 초점을 두고 공간을 기획 운영 유통하고 있다면, '마을'이라는 개체를 공간의 바탕으로 보고 '쉼'과 '확장'을 제공하고 있는 회사가 있다. 바로 '도시공감협동조합건축사사무소(이하 '도시공감')'이다.

도시공감은 6명의 성균관대 건축학과 대학원 선후배가 모여서 만든 건축사사무소이자 협동조합이다. 그들은 후암동을 베이스로 하며 마을의 다양한 공유 공간을 기획 운영하고 있다. 대표적으로 나만의 서재, '후암서재'가 있다. 도시공감은 2016년에 후암동에 둥지를 틀고 마을에서 집 밖으로 나온 공유 공간을 시작했다. 후암서재를 비롯한 후암가록, 후암거실, 후암주방 등의 공간으로 구성된 '프로젝트 후암'은 오로지 후암동에만 집중한다. 명확히 독립적인 기능의 공간을 걸어갈 수 있는 거리와 마을 안에 만들고 있다. 하나의 공간이 잘되면 동일한 공간을 다른 지역에 2호점, 3호점 형태로 복사할 수도 있을 텐데 이들은 공유 공간 하나하나를 보고 있지 않고 마을 단위의 공간이 유기적으로 연결된 형태를 주목하고 있다. 그래서 프로젝트 후암은 더욱 특별하게 다가온다.

작년 삶과 일에 지쳐서 번아웃과
슬럼프가 한꺼번에 뒤섞여서 온 적이
있다. 그때 처음 후암서재를 알게 됐
고 하루 모든 일을 내려놓고 폰도 꺼
두고 공간에 방문했다. 낮시간 대관
을 하면서 혼자서 노래도 듣고 책도
읽고 멍 때리면서 내 서재처럼 즐기
면서 시간을 보냈다. 그렇게 서너 시
간 넘게 있으니 마음이 진정되고 나
를 뒤돌아볼 수 있었다. 오로지 나에
게 집중하는 사색의 시간이었다. 공
간에 오래 앉아 있어서 몸이 간질간질해오는 것을 느끼면서 후암동
을 목적 없이 걸었다. 오래된 주택과 골목길, 주민들, 시장 골목, 남
산이 보이는 모습들은 나만의 사색을 통한 쉼을 도와주었다. 특별
한 후암동과 후암동을 더욱 특별하게 하는 후암서재는 그렇게 나에
게 '쉼'과 '확장'을 전해주었다.

도시공감도 후암동을 특별하게 생각했다. 처음 서울 한양도성을
중심으로 한 오래된 동네를 찾다 보니 강북권을 봤다고 한다. 성북
동, 창신동을 보다가 후암동을 추천 받아서 다 같이 돌아보니 매력

후암기록, 3평 남짓한 공간에 후암동 오래된 주택의 기록이 전시되어 있다.
이 공간 역시 작가를 위한 쇼룸으로 대여가 가능하다.

적인 동네였다. 오래된 주택은 물론
최근에 지어진 다양한 주택도 있고
경사진 점이 살짝 불편하지만 남산
이 보이는 이 동네에 자리 잡고 싶
다고 그들은 생각했다. 그렇게 마음
에 드는 동네를 먼저 선택하고 사무
실을 구하고 이후 다양한 공유 공
간을 오픈하면서 자리 잡게 되었다.
후암동을 사랑하는 건축가라는 것
도 특별한데, 건축주에게 의뢰받은
공간이 아니라 본인들이 좋아하는

공간을 만들어서 운영하는 것도 신기하다. 실제로 도시공감의 멤버
들은 모두 마을과 지역이라는 키워드에 관심 있는 사람들이다.

　가장 먼저 동네의 오래된 집들을 기록하는 후암가록을 오픈했
다. 3평 남짓한 공간에 후암동 오래된 주택의 기록이 전시되어 있
다. 골목 한편에 생뚱맞게 위치한 후암가록은 누구나 무료로 볼 수
있는 장소이다. 후암동 주민이 신청하면 방문하여 실내외를 실측하
고 이를 디지털 도면화하는 작업을 한 이후 전시한다. 후암동의 평
범한 일상을 기록하고자 하는 취지이다. 이 공간 역시 작가를 위한
쇼룸으로 대여가 가능하다. 이후 집 밖으로 나온 공유 공간인 후암

주방을 2017년 3월에 오픈했다. 준비하면서 반신반의했지만 결과는 예상보다 성공적이었다. 그래서 빠르게 2017년 12월에 그다음 공유 공간으로 후암서재를 시작했다. 작업을 할 수 있는 공간에 대한 고민의 결과였다. 보통 작업할 때 항상 카페를 가는데 조금 더 아늑하고 집중할 수 있는 서재와 같은 공간을 만들고 싶었다고 한다. 오래된 도서관 느낌이 들면서 약간 어둡고 큰 책상이 있는 오로지 내 시간에 집중할 수 있는 공간이 되기를 원했다. 그다음으로 5.1 채널 스피커와 4K 영상으로 즐기는 작은 영화관 같은 후암거실을 최근에 개시했다.

개인적으로 서울에서 가장 좋아하는 작업공간인 후암서재는 후암동과 너무 잘 어울린다. 작고 튀지 않는다. 때로는 사람들이 잘 못 찾기도 하는 이 공간은 골목을 걷다 보면 갑자기 툭 나온다. 건물 외관이 주변의 낡은 주택과 어울리면서도 깔끔하다. 내부는 나무 냄새가 난다고 느낄 정도로 서재스럽다. 직접 만들어 먹을 수 있는 커피 한잔을 타고 소파에 앉아서 햇빛을 쐬며 졸 수도 있다. 그러다가 큰 책상에 가서 스탠드 조명을 켜면 또 작업에 집중하기 최적의 장소가 돼버린다. 잠깐 쉬고 싶으면 안쪽 온돌로 된 조그만 공간에 누워서 따뜻하게 낮잠을 자도 된다. 후암서재의 모든 것은 책 보고 일하고 사색하는 행위에 집중할 수 있도록 도와준다. 공간을 둘러싼 책장에 보이는 책들에도 눈이 간다. 대부분의 책들은 도시공감 멤버 개인이 소장했던 책을 가져왔다고 한다. 그러다 보니 도

1 후암서재, 나무 냄새가 난다고 느낄 정도로 서재스럽다.

2 후암거실

3 후암부엌

1 후암서재 입구 **2** 후암서재는 미리 예약 방문해야 한다.

3 커피는 핸드드립과 캡슐이 세팅되어 있다.

4 온돌로 된 조그만 공간에 누워서 따뜻하게 낮잠을 자도 된다.

5 이용방법이 적혀 있는 안내서. 상세히 설명되어 있어 이용하기 불편함이 없다.

시, 마을, 건축에 관한 책이 눈에 띈다. 이외 여행, 서점에 관한 책도 있는데 요즘도 계속 독립 출판 위주로 책을 하나씩 사서 모으고 있다고 한다. 때로는 후암동 주민 분들이 본인이 가지고 있던 책을 수레로 가져다주시기도 한다. 후암서재는 정말 동네 서재로 자리 잡고 있다.

처음 후암서재를 예약하고 방문하면, 미리 안내받은 비밀번호를 누르고 직접 문을 열어야 한다. 직접 냉온풍기를 틀고 직접 라디오도 켜야 한다. 커피는 핸드드립과 캡슐이 세팅되어 있는데 공간 리뷰를 보니 어떤 손님은 지인들이 뒤늦게 와서 본인이 커피를 내려주고 대접하는 과정에서 마치 이 서재의 주인이 된 것 같다는 글도 있었다. 정말 온전히 그 시간 동안은 나만의 서재로써 사용할 수 있다. 재밌는 것은 결제 역시 카드기에 직접 해야 한다. 도시공감에게 들어보니 예약자와 카드매출을 일일이 매칭 해보지 않아서 가끔 매출이 누락될 때도 있다고 한다. 모든 것을 손님이 직접 하다 보니 깜빡하고 결제를 안 하는 경우가 발생된다. 철저하게 상업용 공간이기보단 마을과 어울리는 공간을 운영하다 보니 생기는 안타까운 해프닝이다.

푹 빠질 수밖에 없는 후암서재의 숨은 이야기도 도시공감의 이준형 실장(건축사)과 대화하며 들을 수 있었다. 후암서재 손님은 20대에서 40대까지 골고루 퍼져 있으며 실제로 후암동 주민이 50%나

차지한다고 한다. 재방문율 역시 꽤 높은 편이고 하루에 두 타임 운영하는데, 월 30건 정도가 예약되고 있었다. 후암동 초입을 들어와서 걷다 보면 갑자기 골목 중간에 나타나는 후암서재의 위치도 궁금했는데, 시장 가는 길목이면서 다른 공유 공간들과 연결된 하나의 길이라서 선택을 한 것이었다. 실제로 후암서재에 나와서 쭉 걷다 보면 후암거실이 나오고 조금 더 걸으면 후암가록과 후암주방이 나온다. 하나의 길에 공간들이 숨어 있는 듯하다.

후암서재를 좋아하는 사람들에게 공간이 향후에도 지속 가능할지 역시 궁금했다. 아무도 모르던 동네가 확 떴다가 사라지는 것을 보면서 후암동 역시 걱정되었다. 이 실장은 후암동이란 동네가 지금 많이 알려지기는 했고, 을지로, 성수동, 연남동, 익선동처럼 임대료가 비싸질 수도 있지만 후암동이 사실 그 정도로 유명해지진 않을 것 같다고 했다. 물론 동네의 크고 작은 개발 이슈가 있어서 변화가 생길 수도 있다. 하지만 후암동에 있으면서 느낀 점은 아주 빠르게 상업화되거나 심각한 문제가 일어나지 않고 어느 정도 버틸 수 있을 것 같다는 의견이었다. 그리고 도시공감 입장에서도 공유 공간 운영이 회사의 주 수익 모델은 아니었다. 게다가 인력이 거의 투입되지 않을 정도로 자동화되어 있으니 조금은 안심해도 되겠다는 생각이 들었다. 이렇게 힘을 빼고 운영하고 있는 공간의 분위기 덕분인지 공유 공간에서 자주 발생되는 도난 사건도 하나도 없다고 한다. 다른 공간 같으면 물품이 하나씩 없어지는데 후암서재는 오히려 손님들이 책을 두고 간다고 한다.

이제는 정기 고객들도 꽤 생겨서 한 달에 한두 번씩 정기적으로 쓰는 사람도 있고, 주민 중에 60번 가까이 사용한 사람도 있다. 혼자서 평일 주말 가리지 않고 수시로 이 공간을 개인 사무실처럼 쓴다. 방명록을 들여다보면 여행 계획 짜려고 오는 손님도 있고, 아이들과 책도 보고 수다도 떠는 주민들도 많다. 소규모 클래스로 독서모임도 하고, 각자 스피커 가져와서 음악모임도 연다. 회의도 많이 하고 촬영도 있다. 어떤 작가분은 책장에 본인의 작품을 전시하고 팝업 스토어처럼 서재를 사용하기도 했다. 한 번은 후암동에서 유년시절을 보낸 어머니들이, 다시 동네를 찾아왔다가 후암서재에서 시간을 보내고 간 적도 있다고 한다. 후암동과 어울리는 공유 공간에서 또 다른 콘텐츠가 생성되어서 공유되고 있는 것이 신기했다. 이 실장도 후암서재가 정해진 목적으로만 사람들이 쓰기를 바라지는 않는다고 했다. '서재'로서 사람들이 편안하게 모임도 하고 책도 읽고 글도 쓰고 쉬다 갈 수 있는 사색의 공간이기를 바라고 있었다.

프로젝트 후암은 아직 끝이 아니다. '후암별채'라는 신규 공간이 2020년 상반기에 오픈된다. 크기는 후암서재보다 조금 크지만 혼자만의 '쉼'을 더욱 깊숙이 느낄 수 있는 공간이다. 요즘 집에 욕조가 없어지는 추세인데, 집 밖에서 커다란 욕조가 있는 공간에서 혼자서 목욕하며 차도 마시고 책도 보고 쉴 수 있는 공간이다. 사실 모든 공간이 유기적으로 연결된 경험상 숙박 공간을 고민하기도 했다. 후암서재에서 책 보고 후암주방에서 밥 먹고 후암거실에서 영화 본 이후 하루 묵을 수 있는 그런 곳 말이다. 하지만 법적으로 아직 숙박은 이슈도 있고, 수익을 생각하면 대규모로 해야 하는데 후암동과는 어울리지 않을 것이라 판단하여 '쉼'에 집중한 별채로 구성했다. 듣다 보니 나도 후암동 주민이 되고 싶다는 생각이 문득 떠오를 수밖에 없었다.

후암서재에서 하루를 보내며, 그리고 만든 사람에게 공간의 대한 고민과 생각도 들어보니 처음부터 확실한 가치를 갖고 시작한 것이 인상 깊었다. 공간 자체에 집중하기보다는 마을 단위로 공간을 확장하는 것이 새로웠다. 마치 후암동 전체가 프로젝트 후암의 공간인 것처럼 다가왔다. 보통 어떤 공간을 보러 갈 때 목적지만 갔다가 돌아온다. 하지만 후암서재 때문에 후암동 전체를 보게 되고 느끼게 된다. 후암동 마을 전체가 특별한 경험으로 다가온다. 어떤 특별한 공간에 가야만 쉬어가는 것이 아니라 동네 자체로 인해서 쉬어가게 되고 동네 전체를 경험하게 된다. 그래서 후암서재는 답답하지 않다. 경계가 없어진 느낌이다. 생각하고 싶을 때 후암동을 가고 싶고 그 베이스캠프로 후암서재를 선택하게 된다. 실제로 내가 후암서재에 방문했던 여러 번의 경험을 살펴보면, 쉬면서 새로운 것을 생각하고 상상했었다. 내가 참여하고 있는 두 개의 공간,

후암주방 전경, 프로젝트 후암은 모든 것이 '후암'스러운 후암서재와 다른 공유 공간, 그리고 후암동이라는 동네를 도구로 사람들에게 '쉼'과 '경험'을 주고 있다.

모임공간 앤드스페이스와 나만의 아지트 연희산책, 모두 후암서재에서 기획을 시작했다. 우리는 처음 가보는 장소의 아무 정보가 없을 때 이질감을 느끼며 낯선 동네라고 생각한다. 하지만 후암동은 후암서재 덕분에 마치 내 동네가 된 듯 친근하다. 프로젝트 후암은 모든 것이 '후암'스러운 후암서재와 다른 공유 공간, 그리고 후암동이라는 동네를 도구로 사람들에게 '쉼'과 '경험'을 주고 있다. 이것이 바로 일상 여행이 아닐까? 또 다시 혼자서 사색하고 쉬어가고 싶을 때 후암동을 가야겠다.

Editor's comments

제임스

인사동에 가면 한글간판으로 된 스타벅스를 만날 수 있다.

조선시대부터 수백 년간 서울의 심장부에 있던 인사동에서는 아무리 날고 기는 글로벌 기업이라도 그 분위기에 맞게 적응할 수밖에 없다.

동네에 어울리는 공간들이 생겨나면 그 공간들과 동네의 모든 것이 유기적으로 느껴지고 하나의 즐길 수 있는 콘텐츠가 된다.

그렇게 공간과 동네는 서로 닮아간다. 다른 사람의 행동을 지켜보는 것만으로도 머릿속 신경세포에서 직접 행동한 것처럼 반응이 일어난다는 '거울신경' 개념을 굳이 가져오지 않더라도 동네와 공간은 시간이 가면서 서로 닮아가게 된다.

후암서재를 비롯한 프로젝트 후암의 공간들과 후암동도 서로 닮아 보인다.

그래서 혼자서 쉬고 생각하고 싶을 때 더욱 그 공간에 가고 싶고 후암동을 걷고 싶다.

86

늘 시끌벅적한 대형 카페와 도시거리, 사무실이 아닌 온전한 나만의 공간이 있다는 것은 멋진 일이다.

흔히 말하는 자취에 대한 환상도 '오롯한 나만의 아지트'를 갖는다는 상상에서 생겨난 것일 테다.

어렸을 적부터 꿈꿔온 나만의 아지트에는 몇 가지 원칙이 있었다. 우선 책을 읽거나 편히 쉴 수 있는 멋진 테이블과 의자가 있을 것. 허리가 아플 땐 발 뻗고 누울 만한 공간이 있을 것, 마지막으로 이 모든 공간이 한 눈에 담길 만큼 아늑할 것. 놀랍게도 후암서재를 비롯한 후암동의 공유 공간들은 이 조건들을 아주 잘 충족한다.

마치 나만큼 혼자만의 아지트를 간절히 꿈꿔온 사람이 대신 만들어준 공간인 것 같다.

팔이 안으로 굽는 것처럼 '나만의 아지트' 같은 이 공간의 모든 것이 좋다.

후암동도, 후암스러운 건물들도, 이 공간에서 먹는 커피 맛조차도.

연결로
삶의 지평을
넓히는 공간

상호 : 서사, 당신의 서재

주소 : 서울시 마포구 동교로12길 3

연락처 : 02-332-9948

웹사이트 : http://www.seosa.co.kr/

인스타그램 : https://www.instagram.com/seosa_yourlibrary/

상호 : 노들서가

주소 : 서울특별시 용산구 양녕로 445

연락처 : 070-7729-6553

웹사이트 : http://nodeul.org/tag/노들서가/

#글쓰기 #나만의서재 #북카페 #작업공간 #작가 #커리어 #자아실현 #한강

▲서사, 당신의 서재   ▼노들서가

미국의 작가 줌파 라히리는 그녀의 책《이 작은 책은 언제나 나보다 크다》에서 '불완전함'으로 인한 성장에 대한 갈망과 이를 통해 비롯되는 변화의 힘을 이야기한다. 그중에서도 아래 문장이 인상적이다.

> 불완전은 발명, 상상력, 창조성에 실마리를 준다. 자극한다. 내가 불완전하다고 느낄수록 난 더욱 살아 있다는 느낌이 든다.
> 모든 개인, 나라, 역사의 시대, 우주만물의 과정은 때로는 약하고, 때로는 격렬한 변화의 과정일 따름이다. 변화가 없다면 우린 그대로 머물러 있었을 것이다. 무언가가 변화하는 전이의 순간들이 우리의 척추를 만든다. 우리가 기억하고자 한 순간순간들은 살아남거나 사라진다. 변화가 우리의 존재에 뼈대를 만든다. 나머지는 대개 망각된다.

이 짧은 문장은 그동안 조용히 나를 괴롭혀온 성장과 변화에 대한 갈증을 되새기게 만든다. 모름지기 태어나는 순간부터 죽는 순간까지 이 욕구는 그림자처럼 나의 삶을 좇아왔고, 나이와 환경에 따라 다양한 모습으로 찾아왔다. 성공적으로 첫 걸음마를 떼는 것, 좋은 성적을 받는 것, 직장에서 인정받는 것, 멋진 배우자를 만나는 것과 고통스럽게 죽지 않는 것까지 끝없이 더 나은 것을 갈망하게 했다. 지금의 삶에 만족하지 못했고 끝없이 불평했으며 불완전함을 느꼈다. 분명 괴로운 일이었으나 동시에 새로운 불씨가 되기도 했다. 목마른 자가 우물을 파듯, 삶을 진취하려는 갈증이 있었기에 더 나은 변화와 삶의 목적을 찾는 일에 불을 지필 수 있었던 것이다.

우리네 삶의 맥락을 찾아서
_서사, 당신의 서재

물론 쉽지 않다. 더 나은 변화와 삶의 목적을 찾는다는 숭고한 목표가 언제 어떻게 이뤄질지, 이 목적지를 향해 제대로 된 방향으로 가고 있는지는 알 수 없는 노릇이기 때문이다. 자칫하면 좌우 시야를 차단해 앞길로만 달리도록 하는 차안대遮眼帶를 찬 경주마 같은 인생이 되기도 한다. 나 역시 일에 미쳐 살았던 때가 있었다. 그저 열심히 한 수준이 아니라 정말 미친 듯이 일만 했던 때였다. 일주일에 100시간 정도는 너끈히 일했다. 부족하면 주말이건 공휴일이건 상관없었다. 지금 하고 있는 일이 끝나야만 무언가 다른 새로운 것을 시작할 수 있다는 스스로가 만든 규율에서 벗어나기 어려웠다. 식사든 잠이든, 다른 사람과의 관계든 그랬다. 늘 바라왔던, 하고 싶은 일을 했지만 힘들어서 행복하지 않았다. 하고 싶은 일을 하고 인정을 받으면 행복해질 줄 알았는데 나는 물론 내 주변 사람들도 내가 행복해 보인다고 말해주지 않았다. 하다 보면 달라지겠

지,라고 스스로를 위로하면서도 문득 이렇게 사는 것이 정녕 성장이고, 발전일까라는 의문에서 헤어 나오기는 어려웠다.

여기 같은 고민을 했던 또 다른 사람이 있다. 이 사람은 고민을 풀기 위해 평일 늦은 밤, 아무리 힘들어도 늦은 새벽까지 북카페를 찾았다. 별다른 일정이 있는 것은 아니었지만 새벽을 넘기는 시간까지 북카페에서 끊임없이 책을 읽고, 글을 쓰고, 생각을 정리하고 배워나가기를 계속했다. 허무한 일상의 굴레에서 삶의 의미를 찾아보려는 발버둥이었다. 어느 날은 정신을 차려보니 새벽 두시에 깜빡 잠이 들었는데 크게 놀라 깨어 주위를 둘러보니 카페 사장님 역시 한구석에 앉아 꾸벅꾸벅 졸고 있었다. 사무치게 감사했다. 영업시간이 다 끝났는데도 커피 몇 잔 시켜놓고 끈덕지게 집에 가지 않는 손님이 밉살스러울 만도 했을 터였다. 아무 말도, 눈치도 주지 않고 묵묵히 기다려준 사장님의 존재가, 그리고 이렇게 뭔가를 할 수 있게 마련된 특별한 공간이 있다는 것이 무언의 격려와 위로를 보내는 듯했다. 그때 딱히 환경이나 조건이 바뀐 것은 아니었지만 비로소 원하는 것이 분명해졌다.

"나도 언젠가 누군가가 삶의 맥락을 찾는 데 의미 있는 공간을 만들고 싶다.

그리고 그 삶의 맥락이 한 편의 서사가 되기를"

평범한 대기업 영업사원에서 더 나은 삶을 찾고자 끝없이 발버둥 쳤던 노력이 결실을 맺고 '삶의 맥락을 찾기 위한' 특별한 공간 〈서사, 당신의 서재〉가 만들어질 수 있었던 순간이었다.

카페보다는 꿈꾸던
나의 서재라는 공간이 되기를

지하철 6호선 망원역에서 2번 출구로 걸어서 10분. 오래된 골목

사이로 옅은 노란빛 벽돌이 인상적인 깨끗하게 가꿔진 건물이 보인다. 2층으로 올라서 문을 여니 따뜻한 온기가 몸을 감싼다. 주위를 둘러보면 형형색색의 책들이 손을 뻗으면 닿을 만한 거리마다 진열돼 있다. 시리즈별로 모아둔 책들도 보이고, 마구잡이로 늘어놓은 헌 책들도 보인다. '개인이 운영하는 흔한 책방 카페군.' 첫 인상이었다. 그때였다. '치익-' 하는 소리와 함께 갑자기 고소하고 기름진 냄새가 나는가 싶더니, 한구석에 마련된 작은 주문대에서는 웬걸 카페 매니저가 누군가의 점심을 만들고 있다. 여기에 배경음악으로 잔잔한 재즈클래식 음악이 울려 퍼진다. 거참, 오묘한 곳이다.

안쪽으로 들어가자 따뜻하고 밝은 나무색 원목들로 가득 찬 공간이 나타난다. 나 홀로 작업에 집중할 수 있게 만든 1인 좌석이 있는가 하면 여럿이 옹기종기 모여 앉는 둥그렇거나 네모난 테이블들

도 눈에 띈다. 세련되면서도 각기 다른 디자인의 테이블과 의자가 배치돼 있다. 물론 단순히 빈티지스러운 분위기를 위해 배치된 가구들은 아니다. 보통 의자와 책상이 너무 가까우면 어깨가 아프고, 멀면 고개가 아프기 마련인지라 이런 부분들을 세심히 배려하고 고민을 거듭한 끝에 탄생한 결과물들이다.

아무래도 일반적인 카페보다는 책을 읽고 생각을 발견하는 곳을 만들고자 하는 취지로 탄생한 공간이다 보니 오픈 반년 전부터 의자와 책상 간의 간격을 치밀하게 고려해서 하나하나 세심히 고른 가구들이 들어선 곳이다. 겉으로는 쉽게 드러나지 않을지라도, 이 공간에 오래 있을수록 느껴지는 편안함은 무릇 이런 설계와 고민에서 비롯된 것일 테다.

곳곳에는 실제로 이 공간의 주인장이 경험했던 것처럼 퇴근 후 편안하게 책을 읽다가 잠들고 싶은 사람들을 위해 준비했다는 리클

라이너 체어와 소파가 보인다. 전체적으로는 안락하고 따뜻한 느낌을 풍겨내는 의자와 원목의 테이블들이 20평 남짓한 공간 안에 옹기종기 모여 있고 주변 곳곳에 시원스럽게 뻗어 있는 푸른 식물들이 더해진 모양새다.

저녁이 되자 내부 공간은 밝은 색 천장조명들이 소등되고, 노랗고 따뜻한 간접조명 불빛으로 가득 찬다. 자연스레 눈의 피로감이 덜해지는 것은 일석이조다. 흔한 북카페인 듯한데, 카페보다는 서재에 가까운 느낌. 아니 뭐랄까, 서재보다는 누군가가 정성스럽게 가꾼 1인 작업실들을 여러 개 모아둔 듯한 배치가 아늑한 인상을 준다. 기계처럼, 차갑고 모던한 느낌의 일반 카페와는 사뭇 다르다. 아늑한 조명빛이 주변에 내려앉자 자연스럽게 책을 집어 들고 가장 편안해 보이는 소파를 찾았다. 털썩거리는 작은 소음과 함께 소파에 몸을 묻은 채 눈을 감는다. 소근거리는 사람들의 말소리와 부드러운 음율의 클래식이 자장가처럼 느껴진다.

삶의 맥락을 찾는 공간

시간이 얼마나 지났을까? 삼삼오오 모여 있던 무리의 사람들이 떠나고 공간에 여유가 스며들 때쯤 비로소 책장에 꽂혀 있는 책들을 살펴보기 시작했다. 헌 책과 새 책, 단편집과 시리즈물들. 제각각

다른 듯하지만 이곳의 책들은 명확한 주제가 있다. '생각의 발견', '삶의 맥락', '브랜드와 경험'이 그것인데, 일관된 목적은 이 공간은 방문하는 모든 이들이 삶의 의미와 목적을 찾도록 올곧은 생각거리와 읽을거리, 그리고 경험할 거리를 제시하는 것이다. 자세히 책들을 둘러보면 단지 추상적인 주제 분류로만 머무르는 것이 아니라 한 땀 한 땀 직접 읽어본 책들을 비치하고 큐레이션해놓은 서재 주인의 노력이 엿보인다.

물론 책을 읽고 글을 쓴다고만 해서 삶의 맥락이라는 대서사시에 쉽게 다가갈 수 있는 것은 아니다. 삶의 맥락을 찾는 방법은 사람마다 아주 다양하다. 바쁜 직장인들이라면 시간만 쪼개면 혼자서도 할 수 있는 첫째가 책 읽고 글쓰기겠지만 함께 생각을 공유하고 나누는 방법도 있다. '1인칭 소설쓰기', '느리게 읽기', '감정에 대한 글쓰기'와 같은 프로그램은 바로 이런 교류와 공감을 위해 만들어졌다. 혼자서는 미처 하지 못했던, 혹은 방법을 몰랐던 이들을 위해 함께 모여 책을 읽고, 웃고, 생각을 나누며 각자 삶의 서사를 더듬어 나가는 모임이다.

카페가 넘쳐나는 시대라지만, 정작 '나의 공간'은 없었던 도시 방랑객들에게 이곳은 어떤 의미일까. 단순한 도심 속 쉼터뿐만이 아닌 나아가 내 삶의 의미를 발견하고 끝없이 영감이 떠오르는 공간이라면 마약처럼 발길을 끊을 수 없게 될지도 모른다. 장 자크 루소는 삶은 호흡하는 것이 아니라 행위를 하는 것이라 했다. 숨만 쉬다고 살아가는 것이 아니라 움틀거리며 살아가야 한다는 말이다. 그런 점에서 매순간 머릿속을 스쳐 날아다니는 섬광 같은 생각들을 내버려 두는 것이 아닌 적극적으로 붙잡고 매달려 옮겨 적기까지 한다는 것은 일종의 투쟁이다. 그렇게 투쟁 끝에 쓰인 글들은 오늘의 삶을 언젠가의 삶으로 연결한다. 이 연결이 거듭될 때 비로소 삶의 지평은 확대되고 우리네 삶은 한 편의 서사가 되어갈 것이다.

"To live is not to breathe but to act." - Rousseau, Jean Jacques

한강, 그 가운데에 서서
_ 노들서가

이른 아침 신사동 가로수길에서 이제 막 강의를 끝낸 참이었다. 점심으로 무얼 먹을지 고민하며 정처 없이 걷다보니 잠원지구 한강 근처에 다다랐다. 처리할 일이 조금 남긴 했지만 이 좋은 날씨에, 그것도 아지랑이 피어나는 봄햇살 속에서 한강에 가지 않는다는 것은 일종의 직무유기 같은 느낌이었다. '그래, 자연이 주는 선물을 풀어보지도 않고 일만 할 수야 없지, 암.' 단호한 각오를 하고선 어느 드라마의 한 장면처럼 한강에서 강변 바람을 맞으며 샌드위치를 먹고 일하는 순간을 떠올렸다. 마침 벚꽃잎은 꽃비처럼 쏟아져 내리기 시작했고, 상상 속 나의 한강은 완벽했다.

　메밀묵처럼 흐르는 푸른 강변이 보이기 시작하자 마음이 두근거렸다. 오랫동안 기다린 남자친구를 만나러 가는 듯도 했고, 유학길 도중 갑자기 찾아온 오랜 지인을 보러가는 듯도 했다. 이미 강변에는 돗자리와 음식을 싸온 사람들로 붐비고 있었다. 나는 적당히 앉을 수 있는 자리를 찾기 시작했다. 자리를 찾아 돌아다니기 20분이 지나서야 나는 마침내 이곳에서는 작업할 마땅찮은 공간이 없다는 현실을 인지할 수 있었다. 한적한 한강을 앞에 두고 오롯이 글을 쓸 수 있는 나만의 공간이 있다면 얼마나 좋을까?

서울특별시 한강 위, 나홀로 섬

　원래는 용산 쪽에 백사장 수준으로 붙어 있었더랬다. 일제강점

기 철제 인도교를 놓으며 중지도中之島라 불리고, 다시 2005년 서울시의 오페라 하우스가 될 뻔했다. 계획이 백지장이 되고 나서는 임시 농업공원이 되었다가 2019년 드디어 복합문화시설로 거듭난다. 강변북로와 노량대교 사이, 한강대교를 위로 둔 노들섬의 이야기다. 어김없는 섬의 형태에 '노들섬'이라는 쓰인 큼지막한 세 글자 건물이 떡 하니 한가운데 자리 잡고 있다. 노들섬 안에는 식당부터 상가와 공방까지 다양한 공간이 있으나 가장 매력적인 곳은 역시 한강 위 나만의 서재 역할을 충실히 이행하는 '노들서가'다. 한강 한가운데서 오롯이 글을 쓰고, 책을 읽는 낭만을 꿈꿔온 모든 이들에게 안락한 작업공간을 제공한다.

9호선 노들역 2번 출구로 나와 한강대교 방면으로 600m쯤 거리를 거닌다. 강바람이 제법 세차기도 하지만 새로운 공간에 간다는 설렘을 지울 수는 없었다. 노들서가는 책을 읽고, 쓰고, 만드는 모든 마음을 담은 '책문화 생산자의 플랫폼'이라는 거창한 명칭으로 불린다. 말 그대로 고요히 글을 쓰고, 책을 읽는 공간이 100명 이상은 넉넉히 수용할 만한 규모로 1~2층에 아울러 조성된 '책의 집'이다. 1층 전체는 자유롭게 책을 읽을 수 있는 공간과 한 계절마다 순환하는 큐레이션 매대, 그리고 작은 세미나 공간으로 이뤄져 있다. 2층은 카페와 브런치 작가들을 중심으로 글쓰기 공간으로 사용된다. 노들서가에서 한껏 책을 탐독하고 작업을 하다 환기가 필요하다면 문을 열고 나오기만 하자. 시원하게 펼쳐진 한강을 마주할 수 있다.

강과 육지를 잇듯
글과 연결되는 공간

노들서가에는 브런치 작가들을 위한 공간이 마련되어 있는데, 정해진 좌석 외에는 일반인들도 같은 선상에 앉아 동일한 공간에서 마음껏 글을 쓰고 작업할 수 있다. 누군가는 책을 읽기도 하고 조용히 뜨개질을 하기도 한다. 타닥거리는 타자기 소리에 귀를 기울이고 있다 보면 자연스레 맹모삼천지교孟母三遷之敎란 말이 떠오른다.

나는 한 명의 작가가 되어 지금 나의 생각을 하나의 글로 연결해본다.

오늘도 문득 뭔가를 써야겠다라고 결심했다면

나는 주저 없이 당신에게 이곳을 추천하겠다.

맹자의 어머니가 교육에서 환경을 가장 중요시 했듯, 글을 읽고 쓰는 이들과 한 공간에 있는 것만으로도 자연스럽게 글을 쓰고 작업할 수 있는 분위기에 녹아든다. 그 후엔 그동안 미뤄왔던 생각을 정리하고 끊어졌던 기록들을 지난 삶에 연결해본다. 영감이 필요할 땐 1층에서 책을 읽거나 밖으로 나와 바람을 맞으며 고요히 뜬 달을 바라보기도 한다. 마치 모든 것이 나를 위해 준비된 공간이라는 착각에 빠질 무렵 강변에서 한강을 바라보기만 하는 사람들과 달리 이제 나는 온전히 한강을 즐기고 있다고 자신했다. 섬이 강과 육지를 잇듯, 이곳에서 나는 한 명의 작가가 되어 지금 나의 생각을 하나의 글로 연결해본다. 오늘도 문득 뭔가를 써야겠다라고 결심했다면 나는 주저 없이 당신에게 이곳을 추천하겠다.

Editor's comments

제임스

누구나 나만의 서재를 갖고 싶다.

나 역시 방 하나를 서재로 꾸며봤다. 시간이 지나면서 남는 물품을 서재에 하나씩 가져다 놓다 보니 서재는 창고로 변해버렸다.

자연스럽게 서재의 역할은 사라지고 '남는 방'이 돼버렸다.

뉴욕 소호 지역에 위치한 나이키 매장에는 저렴한 가격으로 손님들이 가져온 디자인을 신발에 프린팅 해주어서 나만의 커스텀 나이키 신발을 갖게 해준다.

수익 면에서 좋지 않은 이런 형태의 판매를 왜 하는 것일까?

단순히 고객 서비스일까? 조금 더 생각해보면 나이키는 이 캠페인을 통해서 일 년에도 수백만 개의 사람들이 원하는 신발 디자인 정보를 얻을 수 있다.

즉, 사람들이 원하는 디자인을 관찰하는 방법이다.

고객에게 감동을 주는 모든 제품은 세심한 '관찰'로부터 시작된다.

'서사 당신의 서재'와 '노들서가'는 정말 서재로써 필요한 물품과 분위기로 구성되어 있다. 글 쓰고 사색할 수 있는 최고의 공간이다.

이 역시 세심한 관찰로부터 시작한 공간의 힘이라고 느껴진다.

두 공간 모두 도보 10분 이상 걸리는 물리적 허들이 존재한다.

하지만 이 정도로 치밀하게 고민된 공간이라면 그 정도 시간은 전혀 문제되지 않는다.

나만의 서재에서 글 쓰며 사색하는 여행을 즐기고 싶다면 이 공간을 추천한다.

지나

산티아고 순례길에는 여행자만을 위한 숙소인 알베르게가 있다.

여행자들은 고된 순례길에서 지친 몸과 마음을 알베르게를 통해 회복하고, 이곳에서 다음 여정을 준비한다.

삶의 서사라는 것 역시 하나의 거대한 여정길이고 지금 이 순간에도 누군가는 끝을 알 수 없는 그곳을 찾아 끝없이 생각을 고르고 글로 다듬으며 지평을 넓히는 여행을 하고 있다면 이 두 곳 역시, 누군가를 위한 알베르게임이 틀림없다.

취향으로
가득한 공간

상호 : 부쿠서점

주소 : 서울시 종로구 인사동길 49 안녕인사동 4층

운영 시간 : 10~22시

웹사이트 : https://buku.co.kr/

인스타그램 : https://www.instagram.com/buku.bookstore/

상호 : 카페홈즈

주소 : 서울시 마포구 망원로 73 2층

운영 시간 : 11~21시(일요일 휴무)

#책읽기 #북큐레이션 #북큐레이터 #서점 #비밀책 #북카페 #추리소설 #셜록홈즈
#취향

▲ 부쿠서점　▼ 카페홈즈

바야흐로 취향의 시대이다. '우향우' 하면 모두 오른쪽만 바라보던 시대가 아니다. 좋은 대학 가고 좋은 직장에 취직하고 적당한 나이에 결혼하고 얼마 있지 않아 자녀를 갖는 식의 사회적 알람에 충실한 인생이 변화하고 있다. 안정적인 직장보다 내가 하고 싶은 일을 찾아 창업하는 젊은이들도 늘어났다. 2019년 상반기 신설법인은 53,901개로 이는 상반기 기준 역대 최고치를 기록했다. 이 중 39세 미만 청년 창업자가 전체의 30%를 차지할 정도라니 '취향 기반 커리어'가 이 시대의 답인 것만 같이 느껴진다. 명품가방이나 외제차를 소유하는 것보다 취향을 갖고 있는지가 더 주목받는다. 이은혜 글항아리 편집장은 "취향은 체계적인 지적 교육과 암묵적 습득의 산물이다"라고까지 표현했는데 마치 취향이 또 하나의 스펙이 된 것만 같이 느껴진다.

《모든 것이 되는 법》에서 에밀리 와프닉은 '다능인Multipotential-ite'이라는 신조어를 제시하면서 어떤 사람들에게는 하나의 천직이 없는 이유에 대해서 강조한다. 저자는 전문의와 일반의 둘 다 필요하지만, 대개는 필요한 맥락이 다르다며 본인의 취향에 맞는 직업형태를 갖는 것을 적극 주장한다. 아래는 대표적인 다능인들이다.

데이비드 보위: 음악가이자 연기자, 시인, 극작가, 화가, 미술품
수집가, 의상 디자이너를 겸함
리처드 브랜슨: 사업가이자 발명가이며 자선활동가

제임스 프랑코 : 연기자이자 감독, 영화제작자, 화가, 시인이며 멀티미디어 예술가, 음악가 그리고 교사

벤저민 프랭클린 : 작가이자 화가이고 정치이론가이며 정치가, 과학자, 발명가, 시민운동가, 그리고 외교관

갈릴레이 갈릴레오 : 천문학자이며 물리학자이자, 엔지니어, 철학가 그리고 17세기 과학 혁명에서 중요한 역할을 한 수학자

인생에서 가장 중요한 측에 속하는 일도 취향을 따라가니 다른 소소한 것들 모두 취향 기반으로 변화하고 있다. 여행업계도 마찬가지다. 자신의 취향대로 여행할 수 있는 자유여행 상품 성장률이 패키지 여행보다 두 배 이상 높다. 자유여행 방식도 '한 달 살기'처럼 그 방식이 여행자의 취향에 맞게 더욱 뾰족해지고 있다. 아직까지 전체 비중은 패키지 여행이 더 높기는 하다. 하지만 '마이리얼트립'처럼 여행 중 가이드와 패키지 상품이 필요한 시간에만 골라서 체험할 수 있는 서비스도 주목받고 있는 것을 보면 패키지 여행도 취향에 맞게 발전해가고 있다.

그럼 우리의 일상을 잠시나마 여행으로 만들어주는 영화는 어떨까? 취향 기반 추천 서비스인 넷플릭스가 시장을 잠식하는 것을 보면 답이 보인다. 넷플릭스는 4,200만 개가 넘는 콘텐츠를 보유하고 있지만 정작 사용자 화면에는 30~40개 정도 콘텐츠만이 추천된다. 하지만 그 정확도가 그 어떤 서비스보다 높다. 나 역시 넷플릭

스의 충성 사용자로 거의 매일 넷플릭스를 사용하지만 볼 콘텐츠가 없다고 느낀 적은 단 한 번도 없다. 추천받는 콘텐츠 역시 퍼센티지로 나와의 적합도를 보여주고 있어서 선택하기도 너무나 쉽다. 90% 이상의 적합도로 추천받은 콘텐츠는 거의 실패하지 않는다.

이외 맛집과 카페 등등 역시 추천해주는 서비스 또는 리뷰 콘텐츠가 방대하여 내 취향에 맞는 곳을 쉽게 고를 수 있다. 하지만 취향에 맞는 것을 고르기 어려운 분야가 딱 하나 존재한다. 바로 책이다. 책은 영화처럼 잠시나마 내 평범한 일상을 여행으로 만들어주는 보물 같은 대상이다. 내가 살아보고 싶었던 인생을 이미 살고 있는 작가를 통해 내가 해야 할 것을 배울 수 있다. 또는 원하지는 않지만 궁금한 경험을 한 작가를 통해 대리 경험도 한다. 소설의 세계 속에서는 마음껏 상상에 빠질 수도 있다. 책이 이렇게 좋은 여행이지만 실패 확률이 다소 크다.

책은 어떻게 고를까? 내가 좋아하던 작가의 다른 책을 고르기도 하고 친구의 추천을 받기도 한다. 좋아하는 책에서 소개된 책을 고르기도 한다. 기사에 소개된 책이나 서점 베스트셀러에 있는 책을 고를 때도 있고 출판사들이 온라인으로 제작하는 '출간 전 연재(일종의 책 예고편 카드 뉴스)'를 참고하기도 한다. 때로는 표지 디자인과 제목만 보고 꽂혀서 살 때도 있다. 책은 영화의 예고편과 같은 콘텐츠가 없기도 하지만 첫 장을 펼치고 적지 않은 시간을 투자해야만

나의 취향과 맞는지 파악할 수 있다. 그래서 좋아하는 작가의 후속 작품 일정을 챙기고 간혹 북카페에서 내 취향에 맞는 책을 발견하게 되면 너무 기뻐서 꼭 메모해두곤 한다. 이렇게 다소 다른 콘텐츠에 비해 취향 맞추기가 어려운 책이라는 것을 우리를 위해 고르고 추천하는 보물 같은 큐레이션 공간이 있다. 내 일상을 취향에 맞게 세심히 설계된 여행처럼 만들어주는 곳, 망원동의 카페홈즈와 인사동의 부쿠서점이다.

부쿠서점

인사동의 부쿠서점은 성북동에 있다가 조금 더 편한 접근성을 위해 2019년 말에 '안녕 인사동'이라는 새로운 대형 복합문화빌딩으로 이전했다. 부쿠서점은 한 작가와 출판사 대표가 한국에서 가장 아름다운 서점을 꿈꾸며 시작되었다. 쉼이나 여유를 찾고 싶을 때 먼저 생각나는 곳이길 바란다는 그들의 희망은 책을 고르는 순간부터 읽는 경험까지 모두 우리를 일상을 벗어나서 여행을 하는 것처럼 만든다. 또한 "부쿠(BUKU)는 읽고 추천하는 큐레이션 서점입니다. 매일 아침 갓 구운 빵과 바리스타의 까다로운 정성이 가득 담긴 커피를 함께 서비스합니다. 서울 성북동에서 365일 당신을 기다리고 있습니다"라고 부쿠서점의 블로그에 나와 있는 예전 소개

부쿠서점은 한 작가와 출판사 대표가
한국에서 가장 아름다운 서점을 꿈꾸며 시작되었다.

를 보면 큐레이션을 위해 많은 것을 신경 쓴다고 느껴진다.

실제로 처음 성북동이라는 지역을 정할 때도 많은 고민을 했다
고 한다. 《우리 취향이 완벽하게 일치하는 일은 없겠지만》(나란)의
저자는 북 큐레이터로 부쿠서점의 전 점장이었는데, 처음 서점 위
치로 광화문, 연희동, 성북동을 고민했고 위치 선정에 있어 크게 고
려한 조건은 여섯 가지였다고 한다.

　　– 지명이 서점 콘셉트와 어울리는 감성적인 어감일 것
　　– 주변에 맛집이나 카페 등의 상점이 적당히 있을 것
　　– 주변에 주택가를 끼고 있을 것
　　– 지명도 대비 문화 콘텐츠가 부족할 것(서점, 영화관 등)

- 주변에 오피스가 밀집되어 있거나 지하철역으로 3정거장 이내에 오피스나 대학교가 있을 것
- 구도심으로 주말에도 사람들이 찾아오는 곳일 것

그녀는 부쿠서점을 운영하며, 동네마다 도서관이 있긴 하지만 대여보다 소통이 중심이 되는 서점이 우리에게 필요한 서점이라는 걸 느꼈다고 한다. 나 역시 부쿠서점에 들어가자마자 마치 서점이 나한테 적극적으로 다가오는 느낌을 받았다. 첫 눈길을 사로잡은 것은 전체적인 큐레이션과 '부쿠픽Buku's pick'이었다. 대형서점의 주제별 구분된

형태는 내 취향을 찾기 어렵게 만든다. 그에 비해 부쿠는 취향별로 책을 정말 아름답게 큐레이션 해놨다. 내 취향이 있는 곳으로 가서 부쿠픽만 보면 쉽게 책이 나와 맞는지 알 수 있다. 부쿠픽Buku's pick은 부쿠의 북 큐레이터들이 책을

읽으며 좋았던 페이지에 투명한 OHP 필름을 사이즈에 맞게 자르고 그 위에 네임펜으로 밑줄을 긋고 짧은 감상을 적어 둔 장치이다. 큐레이터 마음에 와 닿았던 문장과 책을 선택해야만

하는 나름의 이유가 잘 나와 있다. 독자가 원하

면 부쿠픽이 꽂혀 있는 책을 가져갈 수 있게 하는데 이는 누군가와 함께 읽고 있다는 느낌이 더 강하게 다가온다.

크지 않은 공간이지만 부쿠픽을 보느라고 시간 가는 줄 모른다. 그렇게 돌아다니다가 보면 '비밀 책'을 발견할 수 있다. 비밀 책은 부쿠서점의 시그니처 인기도서로 포장지 안에 어떤 책이 있는지 모른다. 3권의 비밀 책 중에 가장 마지막 책으로 시선을 옮겼다. 그 책의 소개에는 이렇게 적혀 있었다. "불완전은 발명 상상력 창조성에 실마리를 준다. 자극한다. 내가 불완전하다고 느낄수록 난 더욱 살아있다는 느낌이 든다." 불완전하고 부족한 상황일수록 아이디어와 다음 단계로 도약하기 좋다는 평소 나의 생각과 일치했다. 격한 공감을 하며 책을 구매하려고 손에 들었다. 누군가 열심히 읽고 핵심을 요약하여 글로 제시해주는 이 장치들은 책을 구매하려는 독자의 시간을 아껴준다. 시간뿐만이 아니라 공감을 일으키며 감동과 기대까지 손에 쥐어 준다.

이번에는 큐레이터에게 다가서서 소설을 추천받고 싶다고 말해본다. 내가 말했지만 너무 추상적인 나의 요구에 큐레이터는 최근 재밌게 본 소설을 묻는다. 그리고 현실이 반영된 것을 좋아하는지 허무맹랑한 공상이 들어간 책이 좋은지 묻는다. 이번에는 재밌는 것을 좋아하는지 감동적인 것을 좋아하는지 등 몇 가지 질문을 더 하더니 잠시만 기다려달라고 하고 서가로 향했다. 나무 냄새가 날 것만 같은 넓은 책상에 앉아서 몇 분 기다리면서 나에게 어떤 책이 올지 상상해본다. 잠시 후 큐레이터는 일곱 권의 책을 갖고 와서 기본적인 책의 내용부터 작가의 소개, 책을 쓰게 된 작가의 이유까지 친절하게 말하기 시작했다. 일주일 전에 출간된 최신작부터 20년 전 소설을 재출간한 책까지 다양하다. 재출간된 책의 경우는 그 책의 예전 히스토리와 당시 반응, 그리고 큐레이터 본인의 감상평까지 천천히 말해준다. 작가를 소개할 때는 큐레이터 본인이 왜 그 작가를 좋아하는지 느낌과 이유까지 말해주니 내 취향에 맞게 선택하기가 너무 수월했다.

결국 큐레이터의 설명에 매료되어 거의 모든 책을 골라서 구매할 수밖에 없었다. 그중 앤드루 포터의 《빛과 물질에 관한 이론》을 소개할 때 큐레이터의 첫 소개가 기억에 남는다. "이 책은 아름다워요", 이 말을 듣고 어떻게 구매하지 않을 수 있을까? 서평과 부쿠픽 역시 좋았지만 가장 강렬한 느낌은 결국 사람이 직접 추천해주고 설명해주는 시간이었다. 내가 알 수 없던 경험을 미리 해본 사람이 추천해주는 경험은 서평으로는 느낄 수 없는 생생함을 전해준다. 북 큐레이션 경험은 마치 내가 여행지에 가서 현지 여행사의 여행상품 브로셔를 보는 느낌이다. 어떤 것을 골라볼까 이것도 재밌고 저것도 재밌을 것 같다며 행복한 상상을 할 때 친절한 가이드가 옆에 앉아서 본인의 경험을 말해주는 듯한 상황이다.

사람들은 영화나 여행이 책을 읽는 것보다 훨씬 많은 시간과 노력을 투자해야 함에도 불구하고 왜 더 재밌다고 느낄까? 그것은 영화나 여행이 새롭고 재밌는 경험을 쉽게 받아들일 수 있게 하기 때문이다. 그렇다면 책은 왜 쉽게 받아들일 수 없을까? 책은 전부 텍스트이고 다 살펴봐야 하기에 어려울 수밖에 없다. 부쿠서점은 그 장벽을 깨기 위하여 많은 노력을 하고 있다고 느껴졌다. 정말 책을 통해서 여행의 신선함을 쉽게 느낄 수 있게 해 주었다. 요즘 동네서점에서도 큐레이션은 필수로 자리 잡았다. 부쿠서점은 동네서점의 큐레이션과 비슷하지만 훨씬 다가가기 쉽게 되어 있다. 편지, 부쿠픽, 서평, 취향별 큐레이션, 북 큐레이터의 설명 등 가능한 모든 수단을 써서 적극적으로 다가온다. 그로 인해 독자들은 책을 통해서 쉽게 여행할 수 있겠다고 느낀다. 그래서 부쿠의 소비자들은 질문도 다르다. "소설 어딨어요?"가 아니다. "이런 취향의 소설을 읽고 싶어요"라며 취향을 말한다. 일상을 여행으로 만들고 싶다면 부쿠서점에 방문해보자. 그리고 그냥 물어보면 된다. 그렇게 여행이 시작된다.

카페홈즈

여행이 기대되고 다녀와서도 기억에 남는 이유는 여행에는 일상에서 겪을 수 없는 사건과 사고가 있기 때문이다. 즉 여행에는 불확실성이 존재한다. 위험과는 다르다. 미국의 경제학자 프랭크 나이트는 불확실성uncertainty과 위험risk을 다른 것으로 처음 말했다. 그는 불확실성이 있기에 자유의 존재 의미가 있다고 주장했는데, 여행은 불확실성이 있기에 우리에게 자유를 준다. 망원동에 위치한 카페홈즈에 가면 불확실성으로 가득한 추리소설, 즉 사건 사고가

꽉 차 있다. 카페홈즈는 망원시장 입구 건너편에 있다. 시장 근처 분위기 때문에 아늑하지만 냄새나는 동네 만화방 같은 분위기를 상상했다. 하지만 검은색 탐정사무소 같은 대문을 열고 이층으로 올라가니 생각보다 공간도 넓고 쾌적하면서도 아늑하기까지 한 공간이었다. 의자와 책상도 다양해서 어디 앉을까 잠시 고민하게 된다.

카페홈즈는 추리소설 전문 북카페답게 모든 것이 셜록 홈즈로 가득하다. 모든 가구는 오래된 나무 느낌이 물씬 풍긴다. 셜록 홈즈의 파이프, 존 왓슨이 사용했을 법한 낡은 타자기, 넓고 진한 갈색의 책상, 오래된 여행가방, 영국 특유의 빨간색 공중전화박스, 그리고 나무색 스탠드 행거까지 이 모든 소품들은 넓은 탐정사무소에 온 느낌을 준다. 마치 베이커가 221B에 있는 듯하다. 이 모든 것은 내가 소설 속으로 들어간 느낌을 주며, 왠지 저 문을 열고 셜록 홈즈가 들어올 것만 같은 상상을 하게 한다. 음료를 주문하러 카운터에 가니 '탐정 헌정 핸드드립'이 보인다. 셜록 홈즈만이 아니라 추리소설 팬이라면 누구나 행복한 고민을 하며 고르게 된다.

다른 장르의 책보다 소설은 작가의 세계관 안에서 함께 상상을 해볼 수 있는 장점이 있다. 특히 추리소설은 상상을 더욱 구체화하여 내가 탐정이 되어서 추리해볼 수 있기에 정말 잠시나마 일상을 떠날 수 있게 한다. 나 역시 셜록홈즈의 책, 드라마, 영화를 수없이 반복해서 본 홈즈 팬이며 추리소설을 꽤 좋아한다. 다만 추리소설 역시 책이라는 콘텐츠 특성상 실패 확률이 높을 수밖에 없다. 그래서 나에게 맞는 추리소설책과 작가를 발견하면 뛸 듯이 기쁘다. 카페홈즈는 나와 같이 새로운 추리소설을 찾는 사람들에게 최적의 장소이다. 웬만한 추리소설은 전부 존재하고 고르기 쉽게 큐레이션되어 있어서 새로운 추리소설을 발견하기 편하다. 그렇게 고른 책을 들고 나만의 여행을 시작하면 시간은 순식간에 사라진다.

새로운 추리소설 작가를 찾게 되면 마치 나중에 꼭 가볼 여행지를 찾은 느낌이다. 몇 년 전 태국 치앙마이를 방문하여 디지털 노마드의 삶을 잠시 즐겼던 적이 있다. 그 여유와 분위기에 취해서 치앙마이에 흠뻑 빠져버리고 나서 발리의 우부드가 이곳과 비슷하다는 이야기를 들었다. 우부드 역시 나중에 꼭 가보겠다는 다짐을 하며 나만의 보물창고에 숨겨두는 듯한 행복한 상상을 했다. 카페홈즈에서 좋은 작가를 찾게 되면 이와 비슷한 느낌을 받는다. 괜찮은 작가를 찾은 것은 나중에 꼭 가보고 싶은 여행 아이템을 찾은 느낌이다.

그래서인지 실제 추리소설 팬뿐만이 아니라 추리소설 작가들 역시 카페홈즈를 아지트로 많이 사용한다. 수천 권의 추리소설에 둘러싸여 새로운 추리소설을 집필하는 느낌은 과연 어떨까? 실제로 신원섭, 정해연, 조영주, 정명섭, 네 명의 추리소설 작가들은 《카페홈즈에 가면?》이라는 추리소설 단편집을 출간하기도 했다. 카페홈즈를 배경으로 하여 사건 사고가 일어나는 단편 소설이다. 이렇게 카페홈즈는 잘 정리된 추리소설과 홈즈를 연상시키는 소품을 매개체로 하여 우리를 추리소설의 세계로 이끈다. 식욕을 돋우기 위해 식사 전에 먹는 애피타이저처럼 카페홈즈의 분위기는 우리를 매료시킨다. 책을 들기도 전에 추리소설을 읽을 준비가 된 각성 상태로 만들어버린다.

　이곳은 반드시 추리소설 팬이 아니더라도 좋다. 여기 있는 오늘 하루는 누구라도 추리소설의 팬으로 만들어준다. 피규어숍 정도가 아니라 공간의 모든 것이 추리소설로 귀결된다. 공간이 주는 힘이나 분위기에 의해서 추리소설이라는 장르로 들어가 새로운 종류의 책을 접하고 읽게 된다. 그렇게 책에 빠져 있다가 잠시 고개를 들면 창문 너머 나뭇가지와 전선들이 보인다. 잠시 여행지에서 현실로 돌아온 듯하다. 문득 어떤 사건이든 해결하는 탐정처럼 우리 삶의 꼬여버린 복잡한 문제도 해결해버리고 싶다는 생각을 한다. 정말 여행지로 훌쩍 떠나서 먼 바다를 바라보며 할 수 있는 사색이 시작되는 것이다. 여행을 떠나버리고 싶을 정도로 머릿속이 복잡하다면 잠시 카페홈즈에 들러서 추리소설 속으로 여행해보는 것은 어떨까?

Editor's comments

제임스

아무것도 모르던 어린 나이 때는 집에서 벗어나 여행을 간다는 사실만으로도 과하게 들뜨곤 했다.

이후에는 해외로 나갈 수 있다면 어느 나라건 좋아했다. 동남아가 지겨워질 때쯤 비행기 타고 7시간 이상 걸리는 곳에 가기 시작했다.

그렇게 여행지가 손가락으로 셀 수 있는 수를 넘어갈 때쯤에는 산보다는 바다가 보이는 곳이 좋고 패키지보다는 자유여행이 좋고 하루의 절반 이상은 좋은 숙소에서 멍 때리는 스타일의 여행이 좋다는 등의 나의 여행 취향이 구체화되었다.

나에게 딱 맞는 여행, 내 취향에 어울리는 여행을 위해서 많은 돈과 시간이 사라졌다.

이렇게 나의 취향을 찾아가는 여정은 즐겁지만 어렵다.

이 여정을 단축시켜주고 도와주는 부쿠서점과 카페홈즈는 정말 보물 같은 공간이다.

지나

전문가, 마니아, 덕후… 단어에 담긴 의미는 근소하게 다르지만 모두 비슷한 뜻을 가진 이 말들은 뭔가에 푹 빠져 있는 사람을 가리킨다.

그런 사람이 한 명뿐이라면 '이상한 놈'이 되지만 그런 '부류'가 많아지면 트렌드가 되고 덕목이 되기도 한다.

나는 흔히 말하는 보통의, 부족함 없는, 평범한 환경에서 자랐기에 딱히 유별나게 좋아한다고 꼽을 만한 것이나 집착할 만한 대상이 없었다.

그래도 나름대로 지루하지 않은 삶이라고 생각했건만 늘 이력서 한구석에 써넣을 특별해 보이는 취미와 특기가 없다는 것은 나를 괴롭게 했다.

그래서인지 뭔가에 빠져있는 사람들이 부러웠다.

그것이 실제로 그들의 본업과 연관되지 않을지라도 열광하는 것을 볼 때마다 그들이 뿜어내는 한결같은 열정과 성실함에 찬사를 보내고 싶다.

카페홈즈와 부쿠서점은 그런 '부류'들의 파티장인 셈이었고, 나는 그 속을 유유히 거닐고 음미하면서 나 또한 이들의 세계 속에서 어쩌면 이번에야말로 유별난 취미와 취향을 가지게 될지 모른다고 생각했다.

설레고 기분 좋은 일상의 여행이었다.

창조적 상상을 위한
가장 가까운
여행지

상호 : 지혜의숲

주소 : 경기도 파주시 교하동 회동길 145

연락처 : 031-955-0082

웹사이트 : http://forestofwisdom.or.kr/

상호 : 북파크 라운지

주소 : 서울시 용산구 한남동 이태원로 294 3층

연락처 : 02-6367-2024

웹사이트 : https://bookpark.modoo.at/

#독서 #탐닉 #상상 #생각의탄생 #종이 #독서여행자 #일상여행 #북라운지

▲ 지혜의숲　▼ 북파크 라운지

경험하지 않으면
상상할 수 없다

어렸을 때는 내가 보고 듣는 것들이 세상의 전부인 줄 알았다. 언니와 엄마, 그리고 나까지 신발 사이즈가 240이어서 나는 이 사이즈가 대한민국 여자의 평균인 줄 알았고, 아빠의 키가 178 정도여서 이 키가 대한민국 남자의 평균키인 줄 알았다. 늘 보는 동네 친구들만 보다가 처음으로 버스를 타고 30분 거리에 있는 고등학교를 다니면서 처음으로 선생님한테 격렬하게 반항하는 친구들을 봤을 때 이런 애들도 있구나 했다.

1시간 이상 버스와 지하철을 타야 도착하는 서울에 있는 대학교를 다니면서부터는 전국 각지에서 모인 사람들과 마주하면서 세상에 정말 별별 사람 다 있구나 싶었고, 처음 회사에 들어갔을 때는 직장 생활은 다 이렇게 하는 줄 알았다. 9년 이상을 직장인으로 살면서 '아 직장생활은 이렇게 하는 거구나'라는 생각에 딱지가 앉을 무렵 처음 창업을 하고 회사를 직접 꾸리면서 나는 아직도 우물 안 개구리였음을 매순간마다 깨닫는다.

아무리 시간이 지나도 오랫동안 배움을 자신해도 내게 익숙한 일상에서 한 발짝만 벗어나면 새로운 사람, 새로운 분야, 새로운 지식이 천지다. 언제나 나는 내가 몰랐던 것을 접하는 순간이면 병아리 같은 유치원생이나 막내사원이 된다. 무릇 경험하지 않으면 상상할 수 없고 상상할 수 없으면 발전하지 못한다는 말이 와 닿는 순간이다. 가장 빈번하게 이 깨달음의 순간을 제공했던 계기는 독서였다. 이제는 이력서에 취미를 '독서'라고 쓴 사람을 찾아보기 어려울 정도로 사실 너무 진부하고 익숙한 일상이 되어버렸지만 어째서인지 독서는 매 순간마다 사람을 홀리게 만드는 재주가 있다.

단 종이 몇 장만큼의 간극인데도 나는 책 속에서 자주 여행하는 듯한 착각에 빠진다. 어떤 책에는 나와 정반대 세계에 살았던 누군가의 경험이, 또 다른 책에서는 20년 혹은 50년 뒤의 나의 삶을 예견할 법한 통찰력을 이야기하기도 하고 때로 나는 내 조상의 조상의 조상조차 태어나지도 못했을 1,000년 전 과거세상 속을 부유하기도 한다. 책을 통해 저자와 인격적으로 '동기화'되기라도 할 때면 인류가 늘 꿈꿔온 판타지를 놀라운 가성비로 손쉽게 이뤄버리기도 한다. 나는 책을 읽으면서 마법 세계의 관찰자가 되기도 하고, 인생이 바뀐 듯 특정 인물이 되어버리기도 하고, 시간과 공간을 자유롭게 넘나들기도 하니 말이다.

굳이 독서라는 행위를 거창하게 예찬하지 않더라도 비슷한 정서와 취향을 가진 사람들조차 독서모임에서 같은 책을 읽은 후 나누는 이야기를 들어보면 저마다의 생각과 결과들이 다채롭기 그지없다. 누군가는 막연히 하고 싶었던 것에 대한 힌트를 찾기도 하고, 다른 누군가는 영감을 얻고 때로 다시 고민하게 되는가 하면 아예 새로운 계획을 세우기도 한다. 따라서 아주 근소한 노력으로 창조적 상상을 위한 가장 가까운 여행지가 있다면 이 종이 안의 세계, 단연코 책으로의 여행일 것이다.

창조적 상상을 위한
가장 간편한 여행법

　만약 이 글을 읽는 누군가가 종이 세계로의 여행을 떠나기로 결심이 섰다면 꼭 이야기해주고 싶은 여행팁이 하나 있다. 독서를 통한 여행만큼은 기존의 우리에게 익숙한 물리적 여행 방식만을 고집하지 않아도 된다는 것이다. 이를 테면 물리적 여행에서는 시공간, 체력, 예산 모두 어느 부분에서는 제한될 수밖에 없으므로 소위 이것저것 다해보는 다다익선식 관광보다는 진득하고 여유로운 여행이 가치 있어 보일지도 모른다.

　하지만 독서를 통해 떠나는 여행은 어떤가? 굳이 잘 아는, 미리 준비된, 하나의 책만 고집할 이유가 전혀 없다. 읽을 책만 충분하다면 정석대로 한 책만 붙잡고 몇 시간씩 읽기보다는 때로는 생소한 분야, 생각지 못한 주제라도 대충 목차만 넘겨보기도 하고 사선으로 읽어보고 그림만 훑어보고, 기록하기도 하면서 자유롭게 책이란 것을 마음껏 음미하고 탐닉해보는 것이다. 이를테면 여행서라도 굳이 내가 평소에 가보고 싶었던, 익숙하게 자주 들었던 여행지 한 곳만 읽기보다는 크리스마스 아일랜드라든지, 코코스 제도라든지(물론 이것과 관련된 책이 있다면) 듣도 보도 못한 곳을 마구 책을 통해 떠나보는 방법도 가능할 것이다.

그렇다면 이 참신한 여행방법을 충분히 즐기기 위한 전제는 무엇일까? 우선 '충분히 많은 책'들이 있어야 한다는 것, 그리고 가능하면 그 책들을 탐닉할 '공간이 오랫동안 편하게 머무를 수 있어야 할 것'이다. 만약 동네 도서관도, 개인서재도 이 조건들을 완전히 갖추긴 어렵다고 느껴진다면 충분한 책들을 탐닉하기 위한 최적의 환경이 갖춰진 새로운 여행지를 찾아 떠나야 할 때다.

솟아오른 책들의 공간,
지혜의숲

파주 출판단지 심장부에 자리 잡은 아시아출판문화정보센터는 지하 일층, 지상 오층, 연건평 20,962㎡ 규모에 이르는 대규모 복합 문화공간이다. 그중에서도 2014년 내부 벽면을 서가로 조성하여 약 50만 권 이상의 책들이 빼곡히 들어서 있는 1층 지혜의숲은 독서 여행자들에게는 필수코스가 아닐 수 없다. 지혜의숲은 일종의 공유 서재로 학자, 지식인, 연구소 등에서 기증자가 평생 읽고 연찬한 책 혹은 국내 대표 출판사의 책들을 한눈에 살펴볼 수 있다. 수많은 사

지혜의숲1은 가장 크고 웅장한 규모의 서가를 자랑하는 메인 공간으로 기증도서를 소장한 공간이다

람과 책들의 역사가 한자리에 모인 공간인 만큼 장르와 분야 역시 문학부터 역사, 철학, 사회과학, 자연과학, 예술에 이르기까지 각양각색의 책들을 만날 수 있다.

비단 책만 많다면 동네 도서관과 그리 다르지 않을지도 모른다. 점입가경은 당초 대규모 복합 문화공간으로 기획설계된 공간인 만큼 빼어난 건축과 주변 자연환경의 조화가 압권이라는 것이다. 실제로 아시아출판문화정보센터는 2004년 제14회 김수근 건축문화상을 수상할 정도로 공간의 우수성을 인정받았다. 실제로 지혜의숲에 들어가면 천장 꼭대기까지 솟아오른 책들의 나무에 첫 번째로 압도당하고, 책을 읽기 위해 마련된 공간으로 들어서는 순간 각도에 따라 펼쳐지는 심학산의 치맛자락과 유유히 흐르는 갈대샛강에 두 번째로 압도당한다.

지혜의숲은 각 공간마다 크게 1~3구역으로 나뉘는데, 지혜의숲1은 가장 크고 웅장한 규모의 서가를 자랑하는 메인 공간으로 기증도서를 소장한 공간이며 오전 10시부터 오후 5시까지 운영된다. 지혜의숲2는 출판사가 기증한 도서를 읽을 수 있는 공간으로 원목형 서가로 구성된 지혜의숲1과 달리, 알록달록하고 비교적 낮은 높이의 벽면 서가로 구성되어 있으며 출판사별 분류를 통해 책들을 탐닉할 수 있다. 어린이 전용 책코너가 별도로 마련되어 있어 부모님과 아이들도 함께 찾는 공간이다. 오전 10시부터 오후 8시까지 이용할 수 있다. 마지막으로 지혜의숲3은 게스트하우스 지지향의 로

1 지혜의숲2는 출판사가 기증한 도서를 읽을 수 있는 공간, 어린이 전용 책코너
  가 별도로 마련되어 있다.

2 지혜의숲3은 게스트하우스 지지향의 로비.. 24시간, 연중무휴로 개방하고 있다.

3 낮은 높이의 벽면 서가로 구성되어 있으며 출판사별 분류를 통해 책들을 탐닉
  할 수 있다.

비이자 가장 많은 사람들이 책을 읽을 수 있는 독서라운지로 커피와 간단한 베이커리를 사먹을 수 있는 카페가 내부에서 함께 운영된다. 특히 이 공간의 경우 유일하게 24시간, 연중무휴로 개방하고 있다.

도심 속 프리미엄 서재,
북파크 라운지

파주 지혜의숲이 남녀노소 누구나 부담 없이 가볼 수 있는 가성비 넘치는 독서 여행지였다면 20, 30세대 위주의 고급 서재를 원하는 이들을 위한 프리미엄 라운지도 빼놓을 수 없다. 서울 용산구 한남동 블루스퀘어에 위치한 복합문화공간 '북파크 라운지'는 도심 속에서 즐기는 나만의 서재라는 슬로건으로 회원제 방식으로만 운영되는 프리미엄급 라운지다.

회원제로 운영되는 3층은 1일 회원권 9,900원, 1개월 회원권 99,000원이라는 진입장벽이 있기는 하지만 돈 낸 만큼 제 값은 톡톡히 하는 구조다. 독서 자리부터 동네 도서관에서 볼 수 있는 원탁형 공동 테이블이 아닌 주로 1인 단독 부스, 리클라이너 체어, 1인~3인용 소파, 거기다 뜨끈뜨끈한 '돌 소파'까지 비치돼 있다. 또 입장한 순간부터 총 3천여 권의 도서를 무제한으로 열람할 수 있는데

1 회원제로 운영되는 3층은 1일 회원권 9,900원

2 한남대로와 남산의 숲자락이 엿보이는 창가자리

3 2층 문화공간에서 다양한 행사 및 공연 등이 상시 진행된다.

4 원탁형 공동 테이블이 아닌 주로 1인 단독 부스

5 뜨끈뜨끈한 '돌 소파'까지 비치돼 있다.

6 리클라이너 체어, 1인~3인용 소파

주목할 만한 점은 꽤 많은 도서량에도 불구하고 모든 구역마다 시즌 트렌드에 따라 도서들이 큐레이션되어 있어 메모를 읽으며 책을 찾는 재미가 꽤 쏠쏠하다. 또 전문 바리스타가 상주하는 내부 카페에서는 1인당 음료 1회권을 무료로 제공한다.

덧붙여 지혜의숲과 마찬가지로 쾌적하고 탁 트인 실내 공간도 좋지만 한남대로와 남산의 숲자락이 엿보이는 창가자리의 정경도 매력적이다. 봄과 가을이면 바람과 햇살이 충만한 테라스 자리에 나가 있는 것만으로도 일상의 여유에 흠뻑 취한다. 운이 좋다면 살짝 바람이 부는 열린 창가 자리에 리클라이너 체어에도 앉아보자. 딱딱한 의자 대신 몸 전체를 집어삼킬 듯이 푹신한 소파에 몸을 묻고 책 속 세상에 빠져 있노라면 하루 종일이라도 머무를 수 있을 것 같은 기분이 들 것이다.

이 외에도 블루스퀘어 자체가 복합문화공간인 만큼 3층 북라운지 말고도 2층 문화공간에서 다양한 행사 및 공연 등이 상시 진행되니 책을 통한 마음의 양식은 물론 눈과 귀도 호강하는 기회를 누릴 수 있다. 북파크 라운지 방문자라면 누구나 참여할 수 있고 인기 많은 강연의 경우 사전 신청도 가능하다. 대체로 시기와 일정에 따라 다르지만 북콘서트, DIY클래스, 미니콘서트, 공개방송 등 다양한 행사가 동시에 진행된다.

Editor's comments

지나

독서가 여행이라면 마치 예정에도 없고 겪어보지도 않은 곳을 운 좋게 친절하고 완벽한 가이드를 만나 무료로 떠나게 된 것과 다름없다. 한 권의 책을 읽어야겠다고 결심한 순간부터 우리는 모두 그 세계의 여행자가 되는 셈이다.

여행 전날 밤의 설렘처럼 선택한 책의 첫 장을 넘기는 순간이 설레고 뜻깊어지기를, 그리고 더 많은 사람들이 종이 세상 속 여행을 충분히 탐닉하기를 바란다.

제임스

통계학에 보면 '다중회귀분석'이라는 방법이 있다. 6글자 밖에 안 되지만 상당히 재미없어 보이는 단어다. 하지만 이 분석은 변수 간의 인과성(원인과 결과)을 파악할 수 있는 좋은 방법이다. 가령 이 분석을 사용하여 기온, 성별, 소득 같은 변수와 스타벅스의 매출이라는 변수의 인과성을 파악해볼 수 있다.

여기서 기온, 날씨, 소득 같은 변수를 독립변수라 하고 스타벅스의 매출을 종속변수라 한다. 독립변수는 아무것이나 넣을 수 없고 종속변수에 영향을 끼칠 만한 논리적 타당성이 있는 변수만 넣을 수 있다.

"기온이 올라가고 날씨가 화창하면 스타벅스 매출에 영향이 가지 않을까?"처럼 논리적으로 말이 돼야 한다. 그런데 만약 과자 판매량 같은 것을 독립변수로 넣는다면 어떨까? 과자 판매량과 스타벅스의 매출은 딱 봐도 논리적으로 관련이 없을 것 같다. 즉 다중회귀분석으로 좋은 분석 결과를 얻고 싶다면 독립변수부터 잘 골라야 한다. 지혜의숲과 북파크 라운지는 독서를 통한 여행 경험이라는 결과를 위해 너무 좋은 독립변수들을 잘 세팅해놨다.

편한 의자, 커피 냄새, 다양한 책, 높은 천장, 주변 산책로, 창을 통해 보이는 뷰, 눈이 편한 조도, 나무 냄새나는 책상, 그리고 합리적인 사용료까지 정말 독립변수를 잘 고른 공간이다.

3부

도시 속
낯선
삶으로의
여행

무언가
재밌는 일이
생길 것만 같은 곳,
론드리프로젝트

상호 : 론드리프로젝트

주소 : 서울시 용산구 신흥로 78 1층

운영 시간 : 평일 10~22시, 화요일 13~22시, 주말 10~23시

웹사이트 : https://www.laundryproject.co.kr/

인스타그램 : https://www.instagram.com/laundryproject/

#론드리프로젝트 #로그램 #해방촌 #빨래방 #카페 #판타지 #세탁향 #빨래 #리프레쉬

단순 관광 여행이 아니라 여유롭게 살아보는 한 달 살기가 최근 몇 년간 새로운 트렌드로 떠올랐다. 인스타그램에서 '한 달 살기' 태그는 약 11만 건이 넘어간다. 연관 검색어를 보면 하와이, 치앙마이, 발리, 유럽, 제주, 방콕, 나트랑 등이 보인다. 휴가 내고 3박 4일 꽉 채워서 다녀오면 항상 아쉬움이 남는 여행지들이다. 한 달 살기 위해서는 꽤 많은 시간과 비용 투자가 필요하기에 누구나 한 번쯤은 꿈꾸는 여행 방법이라고 말할 수 있다. 퇴사 후 세계 여행도 평범한 삶을 살고 있는 직장인들에게 행복한 상상을 가져다주는 단어다. 답답하고 만족스럽지 못한 일상을 떠나서 오랜 시간 자유롭게 세계 여행을 한다는 상상을 좋아하지 않는 사람도 있을까? 세계 여행을 다녀와서 내 이름이 들어간 책을 내고 북토크를 하며 청중들의 부러움을 받는 삶이란 탐날 만하다. "가능한 것만 꿈꿀 수 있는 건 아니잖아요"라고 말했던 이효리의 말처럼, 당장 시원하게 사표 내고 세계 여행을 떠나기는 어렵다. 하지만 오늘도 많은 사람들은 가슴속에 세계 여행에 관한 꿈을 품고 서점에서 여행책이 쌓여 있는 매대 앞을 서성인다.

경제적 자유라는 말도 여기저기서 많이 보인다. 단순히 돈을 많이 벌어서 부자가 된다는 의미가 아니다. 회사에서 주는 월급 없이도 살아갈 수 있는 삶, 돈을 벌지 않아도 하고 싶은 것을 하면서 사는 삶이 바로 경제적 자유를 의미한다. 돈 때문에 일을 하는 것이 아니라 내가 하고 싶은 일을 하면서 사는 삶 역시 너무 매력적이다. 이 때문에 수많은 부동산, 주식, 창업 등이 성취 방법으로 주목받고 있다. 《고기로 태어나서》(한승태)에서는 "나중에는 내가 살고 싶은 대로 사는 게 아니라 살아지는 대로 살 수밖에 없게 돼"라는 말이 나온다. 우리는 누구나 살아지는 삶이 아닌 살고 싶은 대로 사는 삶을 꿈꾼다. 경제적 자유가 어렵다면 일하는 방식의 자유라도 얻자는 의미에서 디지털 노마드 역시 주목받고 있는 트렌드이다. 정말 유목민처럼 원하는 곳에서 노트북 하나 펼치고 자유롭게 일하는 방식이다.

사람들이 주목해서 트렌드로 떠오른 것들은 대중의 욕망을 실체화한 개념이다. 그 개념을 빠르게 찾아내어 돈을 버는 비즈니스도 존재한다. 미국인 데니스 호프Dennis Hope는 우주 부동산 분양 사업을 한다. 말 그래도 우주의 땅을 파는 것이다. 누가 살까라는 생각도 들지만 실제로 600만 명이 넘는 사람들이 우주 부동산을 구입했다. 그중에는 톰 크루즈나 미국 전 대통령 부시도 있다. 당장은 몇 평 남짓한 원룸에 살지라도 우주에 내 이름으로 된 땅을 소유하고 싶은 사람들의 욕망을 잘 실체화했다. 이외 그림을 정기 구독하는 핀즐이라는 회사도 있다. 이 회사는 그림을 부유층의 전유물인 사치품이 아니라 누구나 감상할 수 있게 콘텐츠라고 정의한다. A1 사이즈의 디지털 프린트를 한 달에 한 번씩 받아볼 수 있게 하여 저렴한 가격으로 그림을 감상하게 한다.

한 달 살기부터 명화 감상까지 이 모든 것은 사람들의 욕망을 정확하게 실체화하여 주목을 받았다. 이준영 상명대 교수는 논문에서 마케팅의 관점이 니즈needs 중심에서 욕구Want를 넘어서 욕망Desire으로 전이하고 있다고 했다. 이제 사람들에게는 단순히 가성비 좋은 패키지 여행 상품보다 그들의 욕망을 충족시키는 한 달 살기 여행이 더 마음을 사로잡는다. 일 잘하는 법이나 업무 스킬 책보다 퇴사 후 세계 여행하는 꿈을 자극하는 책이 더 매력적이다. 공간도 마찬가지다. 이쁘고 맛있는 디저트가 있는 카페를 넘어서서 교류하고 소통하면서 살롱문화를 즐길 수 있는 취향관, 트레바리 같은 공간이 주목받게 되었다. 이 욕망을 다르게 표현하면 판타지라

1 오래된 주택과 이국적인 가게들의 조합으로 이뤄진 해방촌
2 길가에 오래된 적갈색 3층 건물
3 새하얗게 빛내고 있는 론드리프로젝트.
4 론드리프로젝트 내부 전체 전경

고 말할 수 있다. 누구나 꿈꾸는 판타지는 존재하고 이를 실현할 수
있는 수단이 사람들의 시간을 소유할 수 있다. 공간을 통해 판타지
를 실현하고 생각지 못한 경험을 할 수 있는 곳이 빨래방이라면 어
떨까? 해방촌에 위치한 빨래방, 론드리프로젝트에서 판타지가 시작
된다.

4

　　남산타워가 손에 잡힐 듯하고 오래된 주택과 이국적인 가게들의
조합으로 이뤄진 해방촌에 들어섰다. 길가에 오래된 적갈색 3층 건
물이 보이고 그 일층을 새하얗게 빛내고 있는 론드리프로젝트가 보
인다. 작게 론드리프로젝트가 쓰여 있지만 유리창 너머 바 테이블
과 의자들은 작은 동네 카페로밖에 보이지 않는다. 빨래방일 것이
라고는 상상하기 어려웠다. 그렇게 들어가니 기분 좋은 커피 냄새
와 세탁 냄새가 가득한 공간이 나온다. 생소한 천연 세제와 달그닥
거리며 빨래 돌아가는 소리는 잠시 이곳에 나를 집중시킨다. 준비

해온 빨래를 꺼내 세탁기에 넣고 세제를 붓는다. 이번에는 여러 가지 섬유유연제를 하나씩 냄새 맡아보면서 빨래가 끝났을 때 내 옷에서 나는 향기를 상상하며 골라서 세탁기 투입구에 부었다. 처음 써보는 세탁기였지만 친절하게 하나하나 설명해준 직원의 가이드에 따라서 하니 바로 세탁이 시작된다. 이제 세탁실을 나와서 커피한 잔 시키고 햇살이 잘 들어오는 자리를 골라 앉아 책을 꺼낸다. 세탁기가 돌아가는 동안 기다리면서 나만의 시간을 보내본다. 주위를 둘러보니 강아지와 함께 시간을 보내는 사람, 노트북을 펴고 일하는 사람, 서로 대화하는 사람들이 각자의 시간을 보내고 있다. 세탁기가 내 빨래를 리프레시하는 동안 내 기분 역시 리프레시돼 가는 느낌이 든다.

금세 빨래가 끝나고 기분 좋은 향이 나고 있는 살짝 젖어 있는 빨래를 꺼내 건조기에 돌리고 다시 기다린다. 마치 내가 여행지에 와서 빨래를 돌리고 있는 상상을 해본다. 실제로 론드리프로젝트의 이현덕 대표는 파리 유학시절 수백 년 된 건물의 빨래방을 사용했다고 한다. 세탁기 특유의 달각달각 하는 소리가 좋고, 빨래 향도 좋고, 그 공간에 함께 있는 사람들과 인사하고 가볍게 이야기 나누던 경험이 좋아서 론드리프로젝트를 시작했다고 한다. 빨래방과 카페가 결합된 빨래 카페식의 공간이 커뮤니티 문화가 발달한 포틀랜드, 벨기에, 덴마크에 있는 것을 발견했고 해방촌에서도 그 커뮤니티 문화를 만들어 가기 시작했다.

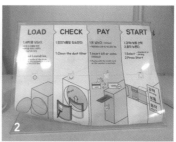

1 사용하는 물품들
2 세탁 방법을 친절하게 그림으로 설명
3 세탁을 직접 할 수 있다.
4 사용 물품들의 가격

    곧 건조가 완료되고 단어 그대로 따끈따끈한 빨래가 내 손에 느껴진다. 집 이외의 공간에서 빨래를 해보는 경험은 외국 출장 가서 호텔에 세탁기가 없어서 빨래방을 갔던 적뿐이다. 외국의 빨래방은 어쩔 수 없이 문제를 해결하러 가는 공간이었다. 익숙지 않다는 측면에서 론드리프로젝트 역시 똑같았다. 내 집이 아닌 다른 곳에 가니 마치 여행지의 이방인이 된 느낌이 든다. 하지만 멍하니 빨래 끝

고를 수 있는 세제와 섬유유연제들도 새롭다. 처음 보는 친환경에 향도 좋은 프리미엄 서비스들은 신기한 경험이었고 새로웠다.

날 때까지 기다려야 하나, 잠시 어디 다녀와야 하나 같은 생각은 필요 없다. 이 공간에서 기다리는 시간 동안 온전히 쉴 수 있겠다는 느낌을 든다. 게다가 빨래하는 경험 가운데 재밌는 요소들이 숨어 있다. 내가 고를 수 있는 세제와 섬유유연제들도 새롭다. 처음 보는 친환경에 향도 좋은 프리미엄 서비스들은 신기해서 경험했지만 새로움이 더 컸다. 내 집이 아닌 다른 곳에서 나한테 익숙한 내 옷을 넣고 세탁했는데 기대보다 훨씬 좋은 향과 따끈한 빨래는 단순히 세탁을 끝마쳤다는 경험이 아니었다. 정말 깨끗해졌다. 내 기분도 내 빨래도 리프레시되었다. 마치 기분 좋은 여행을 다녀와서 드는 느낌이었다.

해방촌은 집에 세탁기가 빌트인 되어 있지 않은 오래된 주택이 대부분이다. 집도 오래되고 햇빛도 잘 안 들어오다 보니 냄새도 많이 난다. 특히 외국인들은 언제 떠날지도 모르는데 세탁기와 건조기를 사는데 많은 부담이 된다. 그런 측면에서 보니 론드리프로젝트의 위치는 딱 맞는 곳에 있었다. 또한 해방촌에는 재미있는 프리랜서나 아티스트들도 많아서 빨래방이라는 익숙하지 않은 문화를 시작하기에 좋은 지역이었다. 이현덕 대표는 학부에서 건축을 전공하고 방송국에서 무대 디자인을 하다가 지역을 디자인하고, 살고 싶은 도시를 만들고 싶어서 론드리프로젝트를 시작하게 되었다. 해방촌에 사는 친구에게 빨래방이 필요하다는 이야기를 듣고 젠트리피케이션 같은 지역문제들로 인해 빨래방이 없어지고 있는 것을 깨달았다. 지원금 받아서 살아남는 공간이 아닌 동네 사람들이 정말 원하는 공간을 만들고자 했고 하나하나 손보면서 오랜 시간을 들여 이곳을 오픈했다. 외국인들이 주로 올 줄 알았는데 생각보다 젊은 한국 사람들이 많이 오게 되었다.

젊은 세대에게는 세탁기가 부담되는 가격이기도 하다. 론드리프로젝트에서 빨래하고 작업도 하고 친구들과 집 앞에서 만나서 이야기도 하는 것들은 거실의 부재를 느끼게 한다. 보통 혼자 사는 사람은 원룸에서 먹고 자고 공부하며 모든 것을 다 한다. 그러다 보니 옛날 가족들과 아무 목적 없이 앉아 있던 거실의 편안함이 없다. 혼자 도시에 살면 그런 감정을 잊고 살게 되는데 이 공간이 그런 감정을 제공한다. 실제로 이현덕 대표가 공간에서 가장 신경 쓴 점은 따뜻한 거실에 앉아 있는 듯한 느낌이 들도록 하는 요소였다. 그래서 항상 사람들이 앉아 있는 모습, 앉아 있는 사람이 바깥에 지나가는 사람을 보는 모습을 상상했다고 한다. 공간을 채우는 커피 향, 세탁 향, 그리고 음악과 소음들이 어떻게 조화롭게 구성될지 상상하고 구현했다. 덕분에 오픈하고 나서는 힙스터 같은 친구들이 택시 타고 와서 세탁하며 시간을 보내곤 한다. 치밀하게 설계된 그 감정과 경험을 론드리프로젝트에서 소비하게 되는 것이다. 그리고 그런 사람들 덕분에 론드리프로젝트는 해방촌에서 5년 이상 운영되고 있고 얼마 전 서교동에 2호점을 오픈했다.

론드리프로젝트는 빨래라는 기본 기능만이 아니라 커뮤니티 문화를 만들려고 많은 노력을 한다. 한 번은 80세 할아버지가 홀로 빨래하러 오신 적 있다고 한다. 알고 보니 서울대 의대를 나와서 1970년대 미국에 이민 갔던 할아버지가 고등학교 동창회 때문에 한국에 왔다가 빨래방을 찾아서 오신 것이다. 이현덕 대표는 창업의 어려움에 관해 그 분과 이야기도 하고 도움도 받았다. 또 한 번은 갑자기 노홍철이 지인들과 빨래방에 와서 빨래하며 시간을 보내기도 하면서 손님 없을 때 뿅 나타나고 뿅 사라지면서 론드리프로젝트를

론드리프로젝트는 실제로 세탁보다 음료 매출 비중이 조금 더 크다고 한다.
세탁이라는 매개체를 통해 사람들과 소통할 수 있는 공간이기 때문이다.

시작하게 된 계기에 관해서도 이야기를 나눴다고 한다. 이현덕 대
표만 손님과 대화하는 것이 아니다. 주 고객층이 20~30대가 가장
많고 성비도 반반이다 보니 남녀 모임, 영화 모임, 와인 모임 등을
열어서 동네 주민들끼리 자연스럽게 교류하게 된다. 그리고 론드리
프로젝트는 문을 닫은 밤에도 일부러 조명 몇 개를 켜서 동네가 안
전하게 느껴지도록 노력하고 있다. 정말 빨래방이 지역 커뮤니티를
만들고 여유와 힐링 그리고 즐거운 만남까지 제공하고 있었다.

인위적인 만남은 가능한 지양하지만 재밌는 이벤트를 종종 기획하고 있다.
하얀 벽의 이점을 살려서 매월 전시도 열고 플리마켓도 연다.

    론드리프로젝트는 실제로 세탁보다 음료 매출 비중이 조금 더
크다고 한다. 세탁이라는 매개체를 통해 사람들과 소통할 수 있는
공간이기 때문이다. 이 공간을 지키는 직원들도 론드리 크루라고
불린다. 그들은 손님과 항상 눈을 마주치며 세탁기 사용법부터 커
피 주문과 제조, 그리고 강아지는 오늘 왜 같이 오지 않았냐는 등의
대화까지 하며 같이 교류한다. 다시 보니 이 공간의 좌석들은 거의
서로 시선이 마주칠 수 있게 배치되어 있었다. 인위적인 만남은 가
능한 지양하지만 재밌는 이벤트를 종종 기획하고 있다. 하얀 벽의
이점을 살려서 매월 전시도 열고 플리마켓도 연다. RUN-DRY라

는 프로젝트도 열었는데 함께 달린 후 땀에 젖은 옷을 세탁과 건조를 맡기고 다 같이 목욕탕에 간다. 이외에도 세탁소 씬이 나오는 영화를 같이 보는 세탁소 영화제, 파티, 뮤직비디오 촬영, 쇼핑몰 촬영 그리고 돌잔치까지 론드리프로젝트에서 열린 적이 있다.

물론 나만의 시간을 보낼 수도 있다. 온전히 1시간 동안 세탁을 기다리며 멍 때리거나 사색에 잠기면 된다. 요즘은 온전히 나만의 쉼을 갖기 어려운 너무 바쁜 시대다. 밥도 그냥 삼키고 잠도 살기 위해 쓰러져서 잠들어버리는 삶을 살고 있다. 정말 살아지는 대로 살 수밖에 없게 돼버린다. 그래서 평범한 일상을 제대로 느끼지 못한다. 그런데 론드리프로젝트에서는 잠시 멈추고 일상을 즐길 수 있게 해 준다. 흘러가는 대로 따라가는 일상이 아닌 내가 원하는 대로 소비할 수 있게 한다. 여행 가서 경험하는 것들이 특별하게 느껴지는 이유가 무엇일까? 일본 여행을 가서 에어비앤비에서 자고 동네를 산책하고 작은 카페에 들어가서 차를 마시는 경험, 생각해보면 아주 지극히 일상적인 일들의 연속이다. 내가 새롭게 경험한다고 생각하니 일상이 특별해지고 여행이 되는 것이다. 론드리프로젝트도 일상을 특별하게 만들어준다. 그 공간에 가면 무언가 재밌는 일이 벌어질 것만 같다. 빨래방이 일상적이면서도 상상력을 자극하는 공간이라는 것을 느끼게 한다.

Editor's comments

제임스

살다가 일이 너무 꼬여 도저히 풀 수 없을 때 마치 컴퓨터 포맷하듯이 기존 것을 모두 싹 지우고 새 판에서 새로 시작하고 싶다는 생각을 한다. 그런데 사실 컴퓨터 포맷은 기존에 있던 데이터를 다 지우는 것이 아니다. 일반적인 포맷은 데이터를 하나도 지우지 않는다. 다만 컴퓨터에게 기존 파일은 없는 것처럼 간주해서 무시하라고 명령해두는 것뿐이다. 물론 더 원초적인 포맷 방식도 존재한다.

로우 레벨 포맷Low Level Format이라는 방식이 있는데, 이는 컴퓨터 모든 섹터에 0을 기록해서 기존 데이터를 덮어쓰는 방식이다. 이 로우 레벨 포맷 역시 데이터를 지우는 것이 아니라 다른 데이터로 대체하는 방식이다.

우리 삶도 마찬가지 아닐까? 기억하고 싶지 않은 기억과 경험을 지울 수 없다. 새로운 경험으로 뒤덮어야 한다. 더 강렬하고 더 행복한 경험으로 새로 써야만 한다. 그래서 일상을 떠나 여행을 가게 된다. 하지만 일상에서도 여행과 비슷한 혹은 더 재밌는 경험을 할 수 있다면 일상이 여행이 될 수 있다.

론드리프로젝트는 그런 평범한 일상을 재밌게 만들어 주는 공간이다.

지나

하잘것없어 보이는 일상 중 하나인 빨래를 하러 왔지만 이 경험이 마치 단편여행을 다녀온 듯한 느낌을 준다는 것이 새롭다.

어쩌서 빨래가 특별하게 느껴지는 것일까? 어쩌면 나를 비롯한 오늘의 시대를 살아가는 많은 직장인들이 일과 집이라는 반복된 굴레 안에서, 일상 안에 살지만 역설적이게도 일상이 없는 하루하루를 보내고 있기 때문인지도 모른다. 몇 번의 버튼을 누르고 빨래를 하는 동안 쉼 없이 또 다른 일상을 해야 하는 것이 아닌, 빨래가 다 끝날 동안 '기다려야 한다'는 목적을 부여받는다.

기다려야 한다는 것은 왠지 모를 마음의 여유를 가져다주었다. 쉼표가 생기니 비로소 이 시간이 일상인 것을 느낀다. 흘러가는 대로 따라가는 것이 일상이 아닌 즐겨보려는 노력이 그제야 시작된다.

일상의 공간에서 관심 없던 것, 눈에 띄지 않던 것에 시선을 빼앗기고 호기심을 가지고 어느새 나는 이곳의 여행자가 되어 있었다.

콘텐츠

마니아들을 위한

지식 살롱

상호 : 종이 잡지클럽(THE MAGAZINE CLUB)

주소 : 서울시 마포구 서교동 양화로8길 32-15

연락처 : 010-6550-9833

웹사이트 : https://www.wereadmagazine.com/

#종이 잡지 #살롱 #인사이트 #영감 #독서클럽 #일상여행 #지식인

　현대 세계의 시공간을 가로지르는 여행을 떠났다고 상상해보자. 홀연히 떠난 여행길에서 판에 박힌 숙소와 맛집이 아닌 두고두고 회상할 만큼 멋진 장소와 놀라운 경험을 하게 될 확률은 얼마나 될까? 가령 매일 아침이면 눈부신 햇살이 울창히 솟아오른 나무들 사이로 부서져 내리는 이탈리아 토스카나를 가로지른다고 해보자. 한국의 회색빛 도시에 비하면 마치 엽서 속이라도 들어온 듯한 목가적인 마을풍경이 눈에 선명하다. 저녁 즈음 되어 하나둘 상가 불이 켜지고 하늘색 캔버스에 빨간 물감이 번져나갈 무렵 꽤 수수해 보이는 동네 식당 한 곳에 도착한다. 일반적인 정육점 식당처럼 보이지만 알고 보니 동네 맛집이자 세계적인 레스토랑인 다리오 체키니

Dario Cecchini다. 가게 안으로 들어서자 시끌벅적한 점원들의 쇼맨십과 함께 셰프들이 즉석에서 구워내는 최고급 소고기의 두툼한 살코기가 빚어내는 먹음직스러운 향기와 불판 위 연주가 시작된다. 육회부터 시작해 우둔살, 립, 스테이크 등 다양한 부위의 소고기들을 차례차례 구경하고, 혀끝에 닿았을 때 첫 맛을 상상하고, 멋진 사람들과 아주 오랫동안 진한 여운으로 함께하는 모습을 떠올린다.

토스카나에서의 여행경험이 무척 즐거워지자 문득 나도 이렇게 동네에서 멋진 가게를 차려보면 어떨까 싶다. 물론 시작은 막막하다. 그렇다면 나와 비슷한 나잇대에 서울에서 최근 3년 안에 퇴사하고 가게를 차린 사장님들을 만나서 이야기를 들어보는 것도 좋을 것이다. 한 10명쯤 만나보기로 한다. 식당, 서점, 카페부터 시작해 조금 특별해 보이는 디저트숍 등까지 서울 곳곳의 젊은 창업가들을 직접 만나 숨겨진 속내를 낱낱이 들어본다. 하고 싶은 일을 하면 행복할 것 같았는데 역시 쉬운 일이란 없나보다. 퇴사를 결심하는 것도 어려운데 막상 사업에 뛰어들고 나니 퇴사 이후 벌이나 형편도 막막해지기 일쑤다. 이쯤 되니 다시 덜컥 겁이 난다.

이번엔 직장을 다니면서 하고 싶은 일을 멋지게 하는 사람들이 있다면 그들의 라이프스타일에서 뭔가 얻을 수 있을까 싶어 다시 여행을 떠난다. 눈 깜짝할 새에 서울의 어느 구도심 반지하 단칸방에 왔다. 겉으로 보이는 빌라 건물의 모습은 형편없기 그지없지만 내부는 또 다른 세계다. 통이 큰 연분홍색 바지를 빼입고 흰색과 초록색 줄무늬가 인상적인 스트라이프 나시를 입은 한 여자가 입구에서 나를 맞이한다. 이들의 라이프스타일과 이야기를 보고 듣자니 나 역시도 하고 싶은 일을 후회 없이 마구할 수 있을 것 같은, 없던 용기도 다시 샘솟는다. 방 안으로 들어서서는 빈티지한 힙스러움이 잔뜩 묻어나는 가구와 옷가지, 벽지들을 둘러본다. 어느새 나도 모르게 이들의 삶을 동경하고, 그들의 생각과 계획 하나하나에 주목하기 시작한다. 그렇게 하루에도 수십 번씩 나는 이탈리아의 토스카나부터 서울 반지하 단칸방에 이르기까지 현대 세계의 모든 곳을 가로지르며 나의 막연한 욕구를 날카롭게 만들어줄 상상의 여행을 떠난다. 원하는 무엇이든 찾고, 만나고, 상상할 수 있는 이곳, 잡지의 세계라면 가능한 일이다.

종이 잡지클럽 입성기

시끌벅적한 합정역 5번 출구 부근을 지나 좁은 골목길 틈새로 방향을 비튼다. 줄지어 차가 늘어선 길을 지나 빌라들이 들어서 있는 골목의 골목길로 나오니 회색 아스팔트 위로 검정 철제 입간판에 광고문이라기엔 너무 심플한 흰색 글자가 우두커니 박혀 있다. 'THE MAGAZINE CLUB'. 영문을 알 수 없는 이름과 함께 응달진 건

1 지하로 내려가는 계단
2 계단 옆에 글귀 "이런 시대에 종이 잡지를 읽는다는 건 좀 촌스럽긴 하죠."
3 지하로 내려가면 전체공간이 보인다.

물 입구 안쪽에 지하로 내려가는 계단이 보인다. 처음엔 딱히 끌리지 않았다. 기웃거려 볼 만한 이유조차 없었다. 3개월을 내리 다니던 길이었지만 눈길 한 번 제대로 끌지 못했던 곳, 쉬이 가봄직한 동기도 없었던 이곳을 방문하게 됐던 것은 지인의 우연한 소개 덕이었다. 그러던 어느 날, 드디어 용기를 내 어두운 지하방으로 내려가는 길목 위에 섰다.

어슴푸레한 노란 불빛 사이로 한 줄 코멘트가 보인다. "이런 시대에 종이 잡지를 읽는다는 건 좀 촌스럽긴 하죠." 글귀를 보며 나도 모르게 혼잣말로 웅얼거렸다. "뭐, 그렇긴 하지….." 좀 더 아래

3

쪽으로 발길을 옮긴다. 지하 1층에 도달하자 검은색 책장과 함께 커튼 사이로 누군가의 비밀 서재 같은 공간이 모습을 드러낸다. 하얀 조명과 회색벽, 검정색 수납장들 사이로 알록달록한 잡지 표지들의 색깔이 더욱 강렬한 대조를 이룬다. 10평 남짓한 공간에 빼곡히 자리한 잡지들을 살펴보자니 그간 미용실과 커피숍에서 흔하게 봐왔던 패션지보다는 각양각색의 독립잡지들이 더욱 눈에 띈다. 주제도 다양하다. 일반적인 라이프스타일부터 브랜드, 여행, 철학, 로컬, 패션지와 해외잡지까지 온갖 잡지들이 즐비하다. 애초에 단순한 호기심으로 들어와서인지 조금 진지하게 살펴보려 하니 어느새 잡지의 세계에서 길을 잃었다. 취향과 관심사는 너무 많은데 당최 뭘 읽어

일반적인 라이프스타일부터 브랜드, 여행, 철학, 로컬, 패션지와 해외잡지까지
온갖 잡지들이 즐비하다.

야 할지 혼란스러워졌다.

　묵묵히 한구석에 서 있던 운영자를 찾아가 도움을 요청해본다. 뭐부터 읽어야 좋을지, 내가 평소 어떤 분야에 관심이 있는지 몇 번 대화를 나누고는 편한 곳에 자리를 잡고 앉았다. 조금 있으니 추천을 요청받은 운영자가 두 손 가득 수북이 잡지를 가지고 돌아온다. "이 잡지는 이래서 좋고, 저건 이 부분이 좋고…." 평생 들도 보도 못한 잡지들과 가짓수가 이렇게나 많다는 것에 두 눈이 휘둥그레졌지만 이내 들었던 설명대로 한 권씩 잡지를 집어 들고 음미하기 시작한다. 미용실 한구석에서 경험했던 잡지들처럼 시간 때우기 용도

로 술렁술렁 읽을 줄로만 알았는데, 정신 차려보니 나도 모르게 한 손에는 책을, 다른 한 손으로는 기록을 위한 카메라 셔터를 쉼 없이 누르고 있었다. 비로소 왜 이 공간에 테이블마다 노트와 펜이 비치되어 있는지, 잡지를 읽는 경험을 위한 소그룹 활동이 왜 그렇게 다양했는지 알 수 있었다. 이곳이라면 평소에 하고 싶었던 일이든 막연했던 상상이든 오롯이 잡지라는 매체를 통해 다른 사람들의 경험담을 듣고 가보지 못한 장소를 접하고 때로는 지금 하는 일에 영감이 될 정보를 마음껏 탐닉할 수 있을 것만 같다.

콘텐츠 마니아들을 위한
지식살롱

특히 잡지를 통해 '정보를 얻는다'는 것은 좀 더 특별한 느낌을 준다. 잡지 콘텐츠의 특징은 우선 진중하면서도 현실적이다. 읽고 난 즉시 휘발될 만큼 가벼운 수준의 인터넷 글과 지금 우리가 사는 현재와는 너무 동떨어진 듯한 느낌의 책과는 다르다. 스크롤 몇 번으로 휘발될 만큼 가볍지 않으면서도 우리네 삶의 트렌드를 적절하게 반영한다. 좀 더 자세히 들여다보면 각각의 콘텐츠마다 깊이와 세심함도 돋보인다. 단순히 그럴 듯한 이야기를 풀어내기만 한 것이 아니라 종이 잡지라는 한 폭의 레이아웃 안에 리듬감 있는 글,

아름다운 그림, 멋진 사진 등을 가장 좋은 구도로 배치하여 보여준다. 가벼운 일상의 SNS에서는 다뤄지지 않았던 정보나 구글이나 네이버에서도 찾기 어려웠던 정보들도 속속들이 보인다.

검증된 에디터와 편집부, 편집장을 거쳐 보증하는 정보인 만큼 신뢰도 남다르다. 이를테면 창업을 하고 싶어 관련 정보를 찾을 때도 인터넷으로는 수만 가지의 진짜 정보와 허울뿐인 정보를 직접 선별해야 한다면 잡지에서는 창업한 사람들의 인터뷰를 통해 생생한 이야기와 속내를 직접 다룬다. 심지어 이렇게 탄생한 모든 정보들 역시 이 글이 정말 좋은 이야깃거리인지, 어떻게 전달할 것인지조차 프로들이 글과 이미지를 다듬고 편집을 하며 밤을 새워 만든 하나의 작품이자 결과물이다.

마지막으로 높은 수준으로 큐레이션되어 모인 이곳의 잡지들을 읽는 것만으로도 양질의 새로운 정보를 손쉽게 얻을 수 있다. 운영자들이 일일이 고른 국내 외 전문 및 독립 잡지들은 늘 아이디어가 필요한 기획자들, 관심사와 트렌드에 대한 지평을 넓힐 마케터, 건축가, 작가, 일반인 누구에게나 그들에게 꼭 필요한 영감의 마중물 역할을 한다. 예를 들어 경제경영을 공부하고자 할 땐 300쪽에 달하는 일반 책 한 권을 오랫동안 읽기보다 때로는 최신 경제경영 이슈와 사례를 다룬 경영전문지인 《DBR》과 《HBR》 등에서 배울 점이 많기도 한 것이 그 이유다. 이쯤 되면 종이 잡지 읽기가 마냥 촌스러운 것만이 아닌 새로운 트렌드를 더 빨리 효과적으로 접할 수 있는 방법이 될 수 있다는 것을 한 번 더 깨닫는다.

잡지라는 판타지의 바다는 생각보다 더 넓었고, 그만큼 오랜 시간동안 다양한 잡지를 통해 이곳저곳의 세상을 부유할 수 있었다. 시간이 지나자 삼삼오오 사람들이 모이기 시작한다. 하나같이 실시간 정보가 넘쳐나는 5G 인터넷 시대에 종이 잡지를 읽겠다며 모인 사람들일 것이다. 몇 무리의 사람들이 모였지만 분위기를 해칠 만큼 시끄럽거나 부산스럽지 않았다. 오히려 여가를 즐길 만한 여유가 있어 보이거나 바쁜 일상 가운데 잡지를 찾아 읽기까지 한다는 점에서 교양과 재치를 겸비한 지성인들에 가까워 보였다. 실제로 이 공간에서 오프라인 잡지 읽기 모임도 정기적으로 열린다고 하니, 이런 취향과 지식을 공유하는 사람들이 모여 평등한 관계 속에서 함께 잡지를 통해 대화하고 토론하며 교제하는 모습도 자연스럽게 그려진다. 예로부터 살롱은 문인·저술가·정치인·예술가 등이 드나들었던 '사교의 장', '대화의 장', '지적 토론의 장' 등으로 불렸다. 신분이나 직위를 막론하고 누구나 출입하고 싶어 하는 곳, 문화와 지성의 산실이자 중개소와 같은 곳이라고 했다. 그런 점에서 이곳 역시 어딘지 모르게 옛스러운 구석과 함께 현대 사회를 날카롭게 조망하는 지식과 사람들이 모여 있다는 점에서 콘텐츠 마니아들을 위한 살롱스럽다.

볼 일을 마치고 공간을 나서자 기다렸다는 듯 추적추적 비가 내린다. 짙은 어둠과 함께 빗물에 흠뻑 젖어버린 합정의 어느 골목길

잡지를 읽는 경험을 위한 소그룹 활동도 이곳에서 진행된다.

위로 빗방울에 번진 알록달록한 네온사인 간판들의 불빛이 영롱하게 빛났다. 왠지 모르게 종이 잡지클럽을 처음 마주했던 기억이 떠올라 데자뷰와 비슷한 느낌을 갖게 되었다. 어두운 거리의 화려한 네온사인 간판들이 마치 회색 벽지와 검정색 가구들 사이로 각양각색으로 늘어서있던 잡지 표지들처럼 보인다. 돌아서니 흔한 일상의 풍경에서조차 방금 보고 온 잡지 표지들을 떠올린다는 것이 조금 우습다. 이다지도 잡지를 친근하게 생각했나 싶어 감회가 새로울 지경이다. 나에게 잡지란 회색 글자들이 딱딱하게 줄지어 서 있는 신문보다는 다채롭고, 두껍고 무거운 책보다는 그림이 많아 가벼운 것이었다. 그 정도였다. 그런데 잡지가 모이고, 잡지를 찾는 사람들과 모이니 잡지 이상의 특별한 경험을 줄 수 있다는 것이 새롭다. 좀 더 이곳과 친해지고 싶다는 생각을 한다. 그래서 더 남다른 잡지를 발견하고, 그 안에서 나의 상상을 현실에 다가설 수 있게 만들어줄 좋은 정보들을 만나면 내일의 나는 정말로 오늘과 좀 더 달라져 있을 것 같은 기대를 품어본다. 막연한 목표와 설렘을 이룰 새로운 여행지가 이다지도 가까운 일상에 있었다는 것에 조용한 감사를 표하며, 내일의 기대를 품은 발걸음을 옮긴다.

회원과 비회원을 구분하고 회원에게는
잡지를 선별해서 보내주는 등
잡지를 통해 새로운 커뮤니티가 생성되고 있다.

지나

나름대로 잡지와는 꽤 많은 연을 쌓고 살았다고 자부했다. 대한민국의 모든 잡지가 다 모인다는 한국잡지협회의 잡지도서관에서 하루에도 수십 권씩 잡지를 읽었고, 잡지에 관심 있는 사람들만 모아놓은 잡지교육원을 졸업한 후에는 실제로 잡지기자로 오랫동안 활동하기도 했다. 놀랍게도 그 시절동안 수천 권의 잡지를 읽었을 텐데도 원대한 비전이나 특별한 영감을 바란 적은 없었다. 당시 업계에서 잡지를 읽는다는 것은 업무의 연장선이었으므로 업무와 관련된 주제와 목적에 한해 고정된 시선으로 잡지를 접했기 때문일 것이다. 자연히 잡지를 읽는다는 것은 그저 평범하고 고루하기 짝이 없는 일상일 뿐이었다. 그래서였을까? 종이 잡지클럽에서 눈을 반짝이며 잡지를 '탐독'하는 사람들을 처음 만났을 때, 줄을 치며 잡지를 읽고 스크랩북을 만드는 활동도 있다는 것을 알았을 때, 잡시를 통해 세상을 배우고 인사이트를 분석하며 새로운 꿈을 꿀 수도 있다는 것을 느꼈을 때 이 일상의 모든 것이 새롭게 다가왔다. 잡지가 이토록 생산적일 수 있다는 것은 마치 익숙했던 여행지에서 우연한 일탈로 미처 몰랐던 장소를 발견한 것과 같은 충격이었다. 낯선 만큼 특별한 경험이었다.

제임스

나에게 잡지란 책보다는 가볍고 블로그보다는 무거운 정도의 콘텐츠였다. 시간 남을 때나 머리 비우고 싶을 때 가볍게 읽는 콘텐츠, 딱 그 정도였다. 한 번은 마이크로 비즈니스(매우 작은 규모의 사업체)를 리서치해야 하는 프로젝트를 진행했다. 도서와 인터넷 서치, 설문조사, 전문 리서치 업체 등 다양한 방법을 총동원해서 사례를 수집했으나 만족할 만한 결과가 나오지 않았다. 답답해하던 차에 합정 종이 잡지클럽에 가서 아무 기대 없이 운영자에게 마이크로 비즈니스에 대한 잡지도 있는지 물어봤다. 잠시 후 그는 산더미 같은 다양한 종류의 잡지를 가져왔고 나는 그곳에서 보물 같은 아이템을 찾을 수 있었다. 그렇게 소중한 정보를 얻고 나서 다시 잡지를 둘러보니 잡지는 더 이상 가벼운 콘텐츠가 아니었다. 정말 잘 정리되고 잘 큐레이션 된 정보를 가볍게 읽을 수 있는 콘텐츠였다. 간혹 마음에 드는 단편 소설을 읽고 그 작가의 다른 책을 찾아 읽게 되는 경우가 있다. 다른 책 역시 마음에 드는 경우도 있지만 그 전 소설과 느낌이 상이해서 실망한 기억도 난다. 그에 반해 잡지는 다른 회차일지라도 계속 비슷한 경험을 준다. 마치 주기적으로 찾아가는 여행지의 내가 가장 좋아하는 호텔에 가는 느낌이다. 일상 속에서 새로운 세계를 탐색하며 새로운 영감을 원한다면 합정 종이 잡지클럽으로 발걸음을 옮겨보자.

남의집을
여행하다

상호 : 남의집

웹사이트 : https://naamezip.com/

인스타그램 : https://www.instagram.com/naamezip/

#초단기여행 #다름 #관여 #집냄새 #남의취향 #남의동네 #남의집 #일상여행 #낯선경험 #가심비여행

낯선 취향을 만나면 그 낯선 느낌이 이질감으로 다가올 때도 있
고 부러움으로 다가올 때도 있다. 이질감이 옅어지면서 상대방 취
향을 알게 되고 이해하게 된다. 겉모습만 봐서 몰랐던 정보가 내
게 다가온다. 그렇게 상대방의 진짜 모습을 알게 된다. 어릴 적 친
구 집에 가면 낯선 그 집 특유의 냄새가 무언가 내 몸을 경직시키곤
했다. 우리 집과는 다른 냄새, 다른 사물, 다른 컬러는 내가 남의 집
에 왔다는 것을 상기시켜 주었다. 어린 나이임에도 불구하고 격식
을 차리게 만들었다. 하지만 시간이 지나고 냄새에 적응할수록 편
한 자세와 편한 마음이 생겨났다. 밖에서 놀 때보다 친구와 더 편하

게 마음껏 놀고 때론 나도 모르게 잠들어버리기도 한 추억이 생각난다.

나이를 먹고 나선 남의 집보다는 남의 사무실에 자주 간다. 일 때문에 방문하기도 하고, 지인의 사무실에 놀러 가기도 한다. 사무실에 놀러 가면 인테리어, 소품, 각종 도서를 보면서 상대의 일을 더욱 깊게 이해하게 된다. "이런 일을 하는구나. 이런 지식이 필요하구나"라는 생각부터 선호하는 업무 환경의 모습까지 알게 된다. 한 번은 독립해서 회사를 차린 친구의 사무실에 놀러 갔다. 멋진 테이블을 가운데 두고 손님 소파에 앉아서 친구와 두런두런 이야기를 나눴던 순간이 기억난다. 테이블 위에 있는 스머지 스틱에서 올라오던 낯선 향과 톤 다운되어 있는 사무실 컬러와 어울리는 음악 소리는 내가 다른 공간에 와 있다는 느낌을 강하게 주었다. 마치 타지 공항을 막 빠져나와 그 나라의 냄새와 습도를 코에 담고 낯선 하늘의 모습을 눈에 담고 낯선 소음을 귀에 담았을 때의 경험과 흡사했다.

최근 남의 집에 방문한 적은 친구 집보다는 에어비앤비Airbnb를 통해 숙박을 위해 남의 집에 간 경험이 더 많은 듯하다. 호텔보다는 불편하지만 색다름이 강한 매력으로 다가왔다. 여행 혹은 출장 때문에 에어비앤비를 사용하게 되면, 그 도시를 더욱 제대로 느끼게 된다. 대개 도시의 낯선 냄새와 모습은 호텔에 들어가면서 사라진다. 그리고 다시 호텔을 나오면 낯선 경험이 시작된다. 즉 호텔은 잠시 낯선 느낌을 중지시켜주는 공간이다. 어느 도시를 가든 호텔은 비슷한 느낌을 주기 때문이다. 그런데 에어비앤비를 통해 현지인 집에 가면 그 도시의 낯선 느낌이 지속된다. 연장되면서 때론 증폭시켜준다. 집주인과 만나지 못할 때라도 집의 냄새와 가구로 그 집과 혹은 그 집주인과 교류하게 된다. 그렇게 그 집주인의 취향을 만난다.

우리가 여행을 가는 이유는 타인의 취향을 보러 가는 것이 아닐까? 그 지역 사람들의 취향을 접하면 색다르게 느끼고 신기해하고 재밌다고 생각한다. 우리 집, 우리 동네, 우리나라에서는 볼 수 없었던 그 모든 것이 결국에는 타인 취향의 집합체라고 할 수 있다. 최근 일상 속에서 서로의 취향을 나누고 즐길 수 있는 서비스들도 많이 보인다. 가장 흔한 독서 모임부터 시작하여 함께 운동하기, 등산하기, 산책하기, 식사하기 등등 일면식도 없던 타인과 동일한 행위를 하며 서로의 취향을 나눈다. 그 낯선 감정을 즐기면서 나도 나중에 그 취향을 시도해보게 된다. 법정스님은 고독할 수는 있어도 고립되어서는 안 된다고 했다. 교류를 통한 낯선 취향을 만날 수 있는 경험은 또 하나의 여행이 된다. 그럼 확실하게 낯선 취향을 만나려면 어떻게 해야 할까? 남의 집으로 떠나는 가까운 여행을 제공한다는 '남의집'을 다녀왔다.

'(주)남의집'을 창업한 김성용 대표는 거실을 놀이터이자 공공재라고 말한다. 결혼 전 살던 연희동 셰어하우스의 거실은 퇴근하면

푸른 나무가 꽉 차게 보이는 큰 창과 호스트의 취향이 보이는 인테리어.
남의 집에 있다는 것이 살짝 긴장되었지만 시간이 조금 지나자 카페에 있는 것보다
훨씬 편안하고 흥미로웠다.

항상 모르는 사람들이 놀고 있던 공간이었다. 그래서 그는 이 거실
에서 멘토링과 타인을 초대하는 작은 모임을 시작했고 그것이 확장
되어 현재 남의집이 되었다. 그는 "거실형 에어비앤비", "가정집 거
실에서 집주인의 취향을 나누는 거실 여행 서비스" 등으로 남의집
을 말한다. 돈을 주고 프랑스 루브르 박물관에는 들어갈 수 있어도
남의 집 거실에는 못 들어가는 것처럼 남의 집에서 남의 취향을 볼
수 있는 독특한 매력의 여행을 제공한다. 당장 내일이면 안 볼 수
있는 타인끼리 모인 모임이기에 더 자유롭게 자신의 취향을 나눈

다. 물론 플랫폼에서 신분 인증을 통해 사전에 위험은 방지한다.

　나 역시 우연히 SNS에서 남의집을 알게 되었다. "가정집 거실에서 취향과 공간을 공유한다"는 소개를 보면서 호기심이 생겼다. 마침 산티아고를 다녀

온 사람이 자신의 거실에서 이야기를 나누자는 모임을 보고 바로 신청했다. 후암동에 있는 호스트의 집에 가는 경험은 매우 낯설었다. 만나보지도 못한 타인이고 얼굴도 모르는 사람의 집에 가는 것은 기대도 되었지만 걱정도 되었다. 약속된 시작 시간보다 조금 일찍 도착했다. 하지만 누군가의 개인적인 공간에 약속 시간보다 먼저 들어가는 것은 잘못된 행동인 듯 느껴졌다. 동네를 조금 구경하다가 시간에 딱 맞추어 문을 두드렸다. 신발을 벗고 들어가니 조그만 빌라였지만 서울 시내가 내려다보이는 큰 창과 호스트의 취향이 보이는 인테리어는 나의 눈을 쉬지 못하게 했다. 편하게 구경하라고 하면서 호스트는 친절하게 설명도 해주었고, 이어서 도착한 다른 게스트들과 호스트의 취향이 보이는 공간에 둘러앉아서 그의 취향을 알 수 있는 경험(산티아고 여행기)을 들었다.

　처음에는 정말 모르는 남의 집에 있다는 것이 살짝 긴장되었지

게스트들에게 남의집 호스트는 원주민이 되고 남의집 거실 하나하나가 여행지가 된다.
남의집을 소개하는 인스타와 남의집 사용설명서

만 시간이 조금 지나자 카페에 있는 것보다 훨씬 편안하고 흥미로웠다. 공간이 또 하나의 우리의 이야깃거리가 되었다. 호스트는 자신의 공간이라 더욱 편하게 솔직한 이야기를 들려주었다. 게스트에게도 지금 머무는 공간이 '밖'이 아니라 '집'에 있다는 사실만이 더욱 편안하게 만들어주었다. 우리는 금세 친해졌고 또 연락하자는 인사와 함께 남의집을 나왔다. 나오면서 집에 돌아가는 길은 마치 여행을 마치고 집으로 돌아가는 상상을 하게 만들었다. 이후 나 역시 우리 집 거실을 남의집 모임으로 만들고 싶다는 생각이 들어서 모임을 개최했다. 게스트들은 나의 이야기와 취향에 집중했고 나를 특별하게 봐주었다. 짜릿한 경험이었다. 그들 역시 자신의 취향을 나누기 시작했고, 그렇게 그 시간 동안은 거실이 여행지가 된 느낌이었다. 모르는 사람들과 동일한 주제를 이야기하고 있으니 내 거실은 다른 시공간으로 변했다. 그리고 모임 종료 이후 다시 안락한 내 집 거실로 금세 돌아왔다.

남의집 김 대표는 여행 비용을 낮춰주고 싶은 것이 가장 컸다고 한다. 일반적으로 여행은 시간적으로나 금전적으로 높은 비용을 지불해야 가능하다. 여행의 근본적인 동기는 낯선 경험인데 일상에서는 이를 느끼기 어렵기 때문이다. 낯선 경험을 위해서 낯선 곳으로 가야 하고 목적지는 대개 지방이나 해외로 결정된다. 그래서 여행은 비싸다. 그런데 남의집을 경험해 본 사람들은 '여행 왔다'라고 많이 표현한다. 퇴근 후 또는 주말에 2~3시간 동안 남의집을 통해 여행하게 된 것이다. 김 대표는 '집으로 떠나는 작은 여행'이라는 회사 비전을 세웠다. 서비스 역시 커뮤니티를 제공하는 역할이 아니라 가심비 높은 초단기 여행상품을 생산하고 유통하는 플랫폼으로 정의했다.

게스트들에게 남의집 호스트는 원주민이 되고 남의집 거실 하나하나가 여행지가 된다. 멀리 가지 않더라도 일상에서도 여행을 느낄 수 있게 한다. 주제는 정말 소소한 것들이 많다. 자석, 퍼즐, 보드게임, 여행, 바느질, 그림책, 커피, 보이차, 투잡, 음악, 아랍 음식, 맥주, 영어공부, 한복, 디저트, 여행, 혼자 일하기, 세컨드 하우스, 가수 이소라 등등 아주 다양하다. 아침을 좋아하는 사람들의 모임도 있었는데, 아침 9시에 모여서 서로 아침에 무엇을 하는지 나눴다고 한다. 정말 시시콜콜하고 시답잖은 주제라고 볼 수도 있다. 하지만 이 취향을 중심으로 게스트들이 모인다. 호스트에게는 평범할 수 있는 일상이 누군가에게는 엄청난 콘텐츠가 된다. 김 대표 역시 처음에 망한 혼수용품 준비 이야기 같은 사소한 주제로 남의집 모임을 직접 준비했다고 한다. 그는 게스트 입장에서 접근하기 쉽고 소소한 주제를 끄집어내기 위해서 많은 노력을 하고 있었다.

그에게 기억에 남는 남의집 주제를 물어봤다. 가장 첫 모임을 말해주었다. 50대 중후반의 남성분이었는데 음악 감상에 관한 취향이었다. 거실이 각종 LP, 스피커, 클래식 음반으로 가득 차 있었다. 김 대표는 그 집을 놀러가보고 스피커를 제대로 처음 경험했다고 한다. 특히 호스트분께서 소년처럼 즐거워했다. 본인이 라디오 DJ가 된 것처럼 모아 온 소중한 음반들을 소개했다. 그리고 사람들이 자신의 이야기 들어주는 경험이 너무 신기하다고 말했다. 호스트는 이미 충분히 사회적으로 위치가 있는 분이었는데, 공적인 자리가 아니라 자연인으로서 내 이야기에 사람들이 집중하는 경험이 굉장히 흥분되었다고 했다.

남의집은 비대면이 또 하나의 트렌드로 주목받고 있는 시대에 온라인은 전혀 고려하고 있지 않다고 한다. 추구하는 업의 정의를 커뮤니티가 아닌 여행으로 했고, 일상을 여행하는 수단으로써 남의 집 방문은 핵심 경험이기 때문이다. 대신 더 다양한 주제를 발굴하고 있고, 특히 지역 단위의 특화된 상품도 고민하고 있다. 최근에는 특별한 주제 없이 '남의집 카페'라는 유형의 모임도 생겨났다. 호스트의 공간에 가서 취향을 나누기보다는 그의 취향이 담겨 있는 공간을 경험해보는 것이다. 2~3시간 동안 남의 집을 마치 카페 삼아서 내 할 일도 하고, 호스트의 책도 읽어보면서 시간을 보낸다. 그전 모임들이 관광과 체험의 여행 상품이었다면, '남의집 카페'는 편안한 리조트에서 힐링하는 여행 상품이라고 할 수 있다.

나 역시 남의집 카페에 다녀왔다. 나에겐 여행지에 가서 집중해서 책을 보거나 일을 하는 경험과 흡사했다. 카페보다는 편하고, 집보다는 예의 차리게 되기에 남의집이 편하게 생산적인 일을 할 수 있는 공간이 되었다. 그리고 특정 주제로 대화를 나누지 않아도 공간에서 그의 취향을 볼 수 있었다. 숨겨진 다른 사람의 내면을 보는 느낌, 타인의 일기를 보는 느낌이 들었다. 그 이질감과 신기함, 생소함, 낯선 느낌이 나를 지루하지 않게 만들었다. 여태까지 많은 비용과 시간을 들여서 타지에 가서 타인의 일상을 여행하곤 했는데, 남의집은 단어 그대로 일상에서 가능하게 해주었다. 타인에 일상과 취향에 관여하고 싶다면 남의집에 가보는 것은 어떨까?

제임스

데이터를 다루는 기술 중에는, 두 개의 다른 데이터 그룹을 합치기 위해 조인Join이라는 방법을 사용한다. 서로 다른 두 개의 그룹을 조인 방식을 통해 하나의 그룹으로 합치는 것인데, 이때 두 그룹의 기본키 primary key라는 것을 기준으로 한다. 기본키는 간단히 말하면, 두 그룹이 동일하게 갖고 있는 항목이라고 할 수 있다. 예를 들어 A그룹은 이름, 나이, 지역이라는 항목이 존재하고, B그룹은 이름, 직장, 소득이라는 항목이 존재할 때 이름이라는 항목이 기본키가 되는 것이다. 조인을 위해서 기본키는 반드시 필요하다.

또한 하나의 조건이 더 필요한데 동일한 DB안에 담겨 있어야 한다. 이 두 가지 조건이 충족되면 두 개의 데이터 그룹은 서로의 데이터에 '관여'할 수 있다. 남의 집은 서로의 취향에 합법적으로 관여할 수 있는 여행을 제공한다. 다만 '취향'이라는 기본키가 존재해야 한다. 그리고 데이터가 동일한 DB안에 담겨 있어야 하는 것처럼, 취향을 나눌 때 함께 동일한 장소에 있어야 한다. 그 장소가 바로 남의 집이 되며, 그곳에서 우리의 여행은 시작된다.

지나

단어 그 자체로 '남의 집'에 가본 적이 언제였는지 되새겨본다. 10년은 고사하고 어렴풋한 기억 중에서도 그나마 생생했던 순간을 꼽자면 중학생 시절이었던 것 같다. 방과 후 또래 친구들과 정신없이 친구네 집으로 몰려가서는 아주머님께 인사를 마치자마자 좁은 방, 좁은 구석으로 뛰어들어가 놀았던 시절이다. 기억을 회상하는 것만으로도 왠지 모르게 마음 한구석이 그립고 먹먹해진다. 아마 이제는 그럴 수 없는 나이가 되었다는, 돌아가지 못할 시절을 그리는 데서 오는 아련함일 것이다. 그런 점에서 이제는 완연한 사회인이자 어른이 되어버린 내가 '남의집'에 간다는 것은 추억으로의 여행이기도 했다. 처음 만나는 사람들, 처음 가는 남의 집이지만 그래서 더욱 비즈니스 미팅처럼 딱딱하게 차려입고, 불편한 카페에 가듯 가고 싶지 않았다. 오히려 더 편한 옷을 입고 심지어 너무 들뜬 마음에 양말 신는 것도 잊은 채 놀러가듯 떠나버렸다. 신기했다. 모든 것이 새롭고 낯선 환경에 어색할 법도 한데 고요한 남의 집 거실 한 켠에 내 자리가 불편하지 않았다는 것이. 오히려 한없이 늘어지고 무기력해졌던 내 방, 내 침대보다 더없이 생기로웠다. 철없이 즐거웠던 어린 시절의 일상으로 짧은 시간여행을 다녀온 것처럼 무척 소중하고 특별한 경험이었다.

4부

특별한 장소,
잊을 수 없는
경험

미식美食을 위한

오감여행

상호 : 현대카드 쿠킹 라이브러리

주소 : 서울시 강남구 압구정동 압구정로46길 46

연락처 : 02-513-2900

웹사이트 : https://dive.hyundaicard.com/web/cookinglibrary/

운영 시간 : 화~토 12~21시, 일/공휴일 12~18시

#쿠킹 #요리 #미식여행 #요리법 #요리책 #요리여행 #식도락 #밥상

'취익~' 밥솥이 흰 입김을 뿜어내자 따스하고 포근한 냄새가 금세 주변을 감싼다. 알알이 한 가득 밥공기에 차오른 흰 밥알들이 금방이라도 눈앞에 나타날 듯 선명하게 느껴지는 갓 지은 쌀밥의 냄새. 기분 좋은 냄새가 코끝으로 스며드는 순간 한껏 차려진 한 상이 머릿속에 펼쳐진다. 빨갛게 단장을 마친 새콤하고 아삭한 김치로 미각의 연회를 시작하고, 이어서 나박나박 썰어진 호박과 두부가 가득 담긴 푸짐한 된장국으로 뜨끈하게 입 안을 적신다. 담백하고 구수한 국물의 여운이 채 가시기 전에 한 술 가득 퍼 담은 포슬한 쌀밥과 샛노랗게 부들거리는 계란찜을 입 안으로 초대해 즐거운 잔치를 벌인다. 보고, 듣고 냄새를 맡는 것만으로 이토록 설렐 수 있다니, 요리를 기다린다는 것은 또 다른 요리이다. 여기까지 생각이 들자 오늘의 여행지가 떠올랐다. 오늘만큼은 이 미식의 즐거움을 좀 더 오롯이 즐기기 위한 조금 특별한 여행을 떠나기로 했다.

특별한 요리를 찾아 떠나는
레시피 탐방기

차로 한참을 달려 익숙하면서도 낯선 동네에 도착했다. 풀 한 포기 없을 것 같은 도심 속에 오아시스처럼 풀빛 녹음의 공원이 펼쳐진 곳, 크고 작은 주택가와 카페거리가 혼잡하게 뒤섞여 있는 회색

최소 5m 이상은 솟아오른 듯한 건물의 높은 층고에 다양한 식물들과
신기한 식재료가 눈길을 끈다.

거리 한 가운데 세련되게 솟아오른 흰색 건물이 돋보인다. 빌딩 표면에 반사되어 부서져 내리는 오후 4시 도시의 햇살 속에 꽤 익숙한 서체의 간판이 가장 먼저 눈에 띄었다. 'COOKING LIBRARY'. 여기는 현대카드 쿠킹 라이브러리다. 새로운 레시피를 탐색할 수 있는 요리책의 도서관이자 미식의 즐거움을 한껏 누리게 해주는 레스토랑이고, 동시에 직접 요리를 체험하도록 돕는 친절한 주방이 한데 모여 즐거운 경험을 선사하는 곳.

1 간단한 브런치 메뉴를 파는 매대 그리고 함께 마련
  된 큐레이션 숍

2 푸드 테마를 진행하는데 이번에는 계란이었다.

3 오픈 주방

4 향신료 사용 방법

쿠킹 라이브러리 1층으로 들어서자 층과 층 사이 가로막힌 천장이 없어 최소 5m 이상은 솟아오른 듯한 건물의 높은 층고에 시야가 압도당한다. 즐겁게 재잘거리는 소음과 식기류, 그리고 주방의 소리가 하나의 하모니처럼 섞여 들린다. 여기에 초록빛의 다양한 식물들이 따뜻한 느낌의 원목풍 가구와 인테리어를 다소곳이 둘러싸고 있는 1층은 간단한 메뉴를 즐길 수 있는 캐주얼 다이닝과 카페가 있다. 리셉션에서 간단히 등록을 마치고 카페와 1층 곳곳을 둘러본다. 오픈 주방부터 삼삼오오 사람들이 모여 있는 테이블, 간단한 브런치 메뉴를 파는 매대 그리고 함께 마련된 큐레이션 숍에서는 시중에서 구하기 힘든 식료품과 다양한 조리 도구, 독특한 주방 소품들이 즐비해 있다. 이 층의 포인트는 매 시즌마다 만날 수 있는 특별한 푸드 테마와 관련된 구경거리와 한정 메뉴다. 쿠킹 라이브러리는 식재료와 음식을 둘러싼 다양한 이야기를 풀어내는 푸드 테마를 진행하는데 이번에 진행된 여덟 번째 테마는 '계란'이었다. 계란은 우리에게 비교적 익숙한 주제지만, 알고 보면 우리가 몰랐던 계란의 종류와 새로운 요리법이 얼마나 많은지, 1층에 전시된 푸드 테마에 대한 간단한 소개만 둘러보았을 뿐인데 벌써부터 흥미롭기 그지없다.

'어쩌면 모두를 깜짝 놀라게 해줄 엄청난 요리법을 알게 될지도 몰라.' 기대를 품은 채 발걸음을 2층으로 옮기자 이번에는 전 세계의 요리서들이 모여 있는 요리책 도서관에 도착했다. 계단을 올라서자 눈에 바로 들어온 것은 이달의 테마 재료와 관련하여 다채롭게 펼쳐진 테이블 위에는 생전 처음 보는 달걀의 모습과 달걀과 관련된 히스토리, 레시피북들이다. 조금 안쪽으로 발걸음을 옮기자 전 세계의 셰프와 푸드 라이터들이 기술한 책들이 허리높이의 책장 안에 꽂혀 있다. 트렌디한 푸드 잡지부터 지역 맛집의 비밀 메뉴 레시피까지 흥미로운 책들이 가득하고 책 장 앞 쪽으로 준비된 태블릿에서는 온라인 매거진도 볼 수 있었다.

중앙으로 자리를 옮기자 요리에 쓰이는 각종 향신료와 허브, 소금들을 모아둔 작은 박물관처럼 구성된 'Blending Zone'도 보인다. 시향병처럼 생긴 작은 유리병 안에 각종 미각을 돋우는 꽃과 약재, 천연 재료 등이 들어 있고 듣도 보도 못한 재료들을 직접 보고, 향을 맡고, 눈으로 설명을 읽고, 맛까지 볼 수 있게 구성됐다. 각종 향신료별로 어떻게 블랜딩해야 하는지 각각의 레시피와 시약스푼, 이 것을 넣고 빻을 수 있는 몰타르 등도 준비되어 있다. 마치 맞춤형 향수를 찾듯 정신없이 병들을 들었다 났다, 향을 맡았다 떼었다 하며 최고의 요리를 코끝에서부터 머릿속으로 그려본다. 매콤한 향은 담백하면서도 끝 맛이 깔끔한 해산물 오일 파스타를 떠올리게 했고 부드러우면서도 짙은 꽃향기의 향신료는 스페인에서 먹었던 빠에야를 떠올리게 했다.

한구석에서 계단을 통해 다락방처럼 구성된 3층 서재도 올라가

각종 향신료와 허브, 소금들을 모아둔 작은 박물관처럼 구성된 'Blending Zone'

볼 수 있는데 이곳은 2층에서 책들이 분류되었던 기준인 '지역'이나 '재료' 같은 거시적인 주제보다는 좀 더 흥미롭게 특정 관심사 별로 '펫푸드'나 '캠핑', 그리고 유아나 어린이, 파티, 휴일 등 다양한 세부분류로 나눠진 '홈쿠킹' 주제를 만날 수 있다. 가장 만만해보이기 때문이었을까, 지체 없이 홈쿠킹 파트에서 여러 책들을 집어 들었다. 쇼핑하듯 여러 레시피 책들을 덥석덥석 집다보니 간단히 만들 수 있는 에피타이저나 디저트형 요리법, 그리고 간단하고 구하기 쉬운 재료들로 만들 수 있는 특별한 홈메이드 디너용 요리 같은

특별한 홈메이드 디너용 요리 같은 책들

책들이 책상에 잔뜩이다. 세계의 샌드위치 도감, 안주예찬, 에어프라이어 하나만 가지고 하는 최강 레시피 등 평소에는 책 1권도 읽기 힘들다지만 이곳에서라면 자꾸 더 집어 들고 연구해보고 싶은 욕심이 드는 것은 왜인지 모르겠다.

아름답게 꾸며진 요리와 레시피, 그림들을 보고 있다 보니 마치 요리의 세계를 지적으로 탐험하는 느낌이다. 달걀부침으로만 먹는 줄 알았던 분홍소시지를 에어프라이기에 돌렸을 때 쌉쌀한 맥주와 함께 곁들일 담백하고 짭짤한 '소시지칩'이 된다는 것을 알았을 때, 흔하디 흔한 사각 어묵을 채로 썰어 전자렌지에 2분간 돌리면 평범한 우동을 멋지게 장식할 '어묵칩'이 된다는 것을 알았을 때 마치 새로운 발명법이라도 찾아낸 것처럼 기쁨이 차오르고 마음이 설렌다. 어떤 요리를 보고 신년 계획을 다짐하듯 꼭 적어두고 언젠가는 해보이리라 결심하기도 하기도 하고, 어떤 요리는 선물해주고 싶은 누군가를 연상하는 계기가 되기도 한다. 재료들의 새로운 조합법을 찾아냈을 때 당장에 지인들과 SNS에라도 자랑하고 싶은 마음을 주체하기 어렵고, 잊을 수 없는 여행지라도 방문한 것처럼 손에서 휴대폰 카메라를 놓기도 어렵다. 새로운 책을 집어 들면 또 다른 여행이 시작되고, 페이지를 넘길 때마다 새로운 지식과 상상력들이 쏟아진다.

미식을 위한 요리의
백만 가지 여정

레시피를 통해 오늘 진행할 요리의 경로와 방법, 요리법에 대한 계획을 가다듬었다면, 미식이라는 목적을 위해 바쁘게 움직일 차례다. 새로운 여행지에 도착했다면 무릇 가장 먼저 트렁크에서 한껏 차려온 짐들을 쏟아내듯 주방에 입성한 후에는 방금 막 장을 봐온

재료들을 한 더미씩 꺼내기 시작했다. 싱싱한 푸른빛의 부추, 탱글한 감자부터 금방이라도 흙내음이 날 것 같은 버섯, 윤기가 흐르는 닭고기까지 한 구석으로 쏟아진다. 그 다음은 재료들을 정리하고, 다듬고 필요한 그릇을 꺼내며 부산스러운 준비를 시작한다. 몸을 굽혀 냄비를 꺼내 달싹거리고, 칼을 찾고, 재료들을 흐르는 물에 씻는다. 다각다각 채칼로 감자를 치며 껍질을 내려벗긴다. 잘게 쌓인 껍질들을 칼로 휘적거려 모아 봉투에 담는다. 요리에 집중하면서도 뒷정리를 생각하니 쉴 틈이 없다. 감자를 반토막으로 큼직이 썬 이후에는 잘게 조각내고 이내 스마트폰으로 눈길을 돌린다. 오늘 가는 최종적인 목적지를 향해 제대로 가고 있는지 이따금씩 휴대폰을 들여다보며 조리법을 확인하고 다시 감자에게로 돌아온다. 자른 감자의 나머지 부분을 단단히 지탱하고 칼로 힘주어 누르니 숭덩숭덩 하는 소리를 내며 썰리기 시작한다. 굵기도 비율도 일정하지 않은 잘린 감자 조각을 쌓아둔 도마 한쪽은 어린아이가 마구잡이로 쌓아 올린 돌탑 같다.

이번에는 부추를 다시 꺼내어 적당한 크기에 맞춰 칼로 썰기 시작한다. 동시에 왼편의 냄비에서는 인덕션이 가열되는 소리와 함께 우웅거리며 내용물이 끓어오르고 있음을 알린다. 우우우웅~ 숭덩, 우우우웅~ 숭덩, 귀여운 리듬의 음악 같다. 눈도 손도 바쁜데 칼 앞에서만큼은 손짓이 조심스럽다. 잘린 재료들이 많아질수록 시

큼하면서도 싱싱한 푸른색 날 재료의 향이 공기 속으로 퍼진다. 기분 좋다. 잠시 냄비를 확인하고 조미료 봉지를 꼼지락대면서 이리저리 냄비 속 내용물을 관찰하기 시작한다. 뚜껑을 올리자 비릿한 멸치 냄새가 난다. 지금 이 순간 최고의 조미료 타임을 기다리고 있다. 쿵, 탁, 휙휙, 보글보글, 착, 스르륵 한 편의 요리가 완성되는 순간마다 각각의 그릇과 식재료, 도구들에서 나오는 하모니가 주방 곳곳에 울려 퍼진다. 최종 목적지를 향해 가는 모든 요리의 과정 속에서 순간의 느낌과 타이밍과 맛을 놓치지 않기 위해 끊임없이 음식을 보고, 듣고, 느끼고, 섞고, 맛보고 시음하고 다시 조절하며 미세한 손의 떨림과 기대를 이 여정 속에 녹여낸다.

드디어 오늘의 최종 목적지이자 완성품으로 한 상의 요리가 차려졌다. 일상이 지치고 무력할 누군가의 저녁을 위해 재량껏 준비된 닭곰탕과 소시지 볶음, 그리고 부추무침이 각자의 역할과 생김새에 맞게 그릇들에 플레이팅되기 시작한다. 뽀얗고 구수한 하얀 국물을 국그릇에 따라내고 잘게 썰어놓은 파와 부추를 조금 올린다. 푸릇한 부추내음이 물씬 느껴지는 부추무침에서는 간장과 고춧가루를 사용해 자연의 맛을 내고 깨소금을 살짝 올린다. 굴소스와 케첩으로 간을 한 소시지 볶음은 어린아이가 크레파스로 칠해놓은 스케치북처럼 초록색 청경채와 노란색 파프리카, 하얀색 버섯과 빨간 소시지가 만나 알록달록한 색감을 자랑한다. 하얀 김이 뭉근하게 퍼져 오르는 흰 쌀밥은 마지막 화룡정점을 완성할 대미에 등장한다.

모든 것들이 내가 원했던 그림 그대로, 제자리에 있음을 충분히 눈으로 음미하고 나서 이 짧은 여행의 보상이자 즐거운 추억이 될 미식의 경험을 가감없이 나에게 선물한다. 상상으로 그렸었던 흰 쌀밥을 한 술 떠 입 안에 넣고 오물거려본다. 쌀의 은근한 단내와 고소함이 입안 가득 퍼지는 순간 이번엔 뽀얗고 구수한 닭곰탕의 뜨끈한 국물을 다시 흘려 넣는다. 아삭거리는 부추무침으로 다시 입맛을 돋우고 오도독-툭 터지는 소시지는 재미있는 식감을 선사한다. 오늘 상상하며 계획했던 모든 미식을 위한 이 여정의 종지부에서 또 다시 새로운 에너지를 충전하고, 일상의 활력을 충전한다. 우리가 여행을 통해 누리는 것이 진정 새로운 경험과 기쁨, 그리고 추억이라면 미식美食이야말로 일상을 여행하는 진정 완벽한 방법이 분명하다.

지나

무릇 여행이란 것이 계획을 세우는 순간부터 설렘과 기대로 만발하고, 상상했던 궁극적인 목적지를 향해 끝없는 노력과 수고, 여정을 감안하는 과정이라 한다면 요리와 무척 닮은 점이 있다.

하나의 여행을 즐기기 위해 무단히 많은 상상과 준비를 하듯 곱씹어볼수록 요리란 것도 노력의 산물이자 그 자체로 정성의 보고報告가 아닐 수 없다. 하나의 요리를 완성하기까지, 혹은 누군가의 미식을 위해 우리는 수백수천 번에 걸쳐 무수히 많은 관절과 근육과 손가락을 끊임없이 움직이고, 미각과 후각은 물론 온 몸의 오감을 총동원한다. 특히 조심스레 칼질을 하거나 정성들여 끓인 국의 첫 술을 맛보는 순간만큼은 오롯이 그 세계 안에 빠져든다. 또한 요리와 여행은 모두 누군가에게 평생토록 잊지 못할 인상 깊은 추억이 되기도 하고, 돈으로 환산하지 못할 멋진 선물이 되기도 한다. 요리가 이토록 멋진 여행이라는 점에 감탄하며 오늘도 새로운 요리의 세계로 떠날 준비를 시작해야겠다.

제임스

식도락은 여행에 빠질 수 없는 즐거움이다. 이국적인 모습과 맛은 우리를 일상에서 벗어나 여행지에 있다는 만족감을 제공한다. 눈으로 그 이국적인 형태와 색감을 보고 코로 낯선 향을 맡아가면서 우리는 다른 곳에 와 있다는 사실을 실감한다. 낯선 경험과 현지인과의 느슨한 교류, 이 모든 것이 여행지 식사에 담겨 있다. 이 값진 경험이 현대카드 쿠킹 라이브러리에서 가능하다. 이국적인 레스토랑들 덕분에 더욱 그 분위기가 잘 어울린다.

도서관보다는 아늑하고 레스토랑과 카페보다는 특별한 그곳은 하루 동안 식도락 여행을 다녀오게 한다. 음식 책을 보다 보니 중화풍 통닭죽, 스페인식 오믈렛 요리, 소바 요리, 탄두리 치킨, 하와이 스타일 치킨요리가 눈에 보인다. 이 요리 만드는 것을 상상하며 책을 읽다 보니 잠시나마 중국, 스페인, 일본, 인도, 하와이를 다녀온 느낌이 든다. 브런치 요리를 보며 산뜻한 여행지의 아침을 상상하고 점심 요리를 보며 나른한 점심시간이 떠오른다. 간식 요리를 보며 살짝 지루해진 오후를 상상하고, 저녁 요리를 보며 화끈한 저녁시간을 상상한다. 술안주 요리를 보니 약간 알딸딸해지는 느낌까지 든다. 요리 메뉴를 통해 여행지에서 하루를 보낸 것만 같다.

담빛예술창고
그리고 담양

상호 : 담빛예술창고

주소 : 전남 담양군 담양읍 객사7길 75

운영 시간 : 10~18시 30분(4월~9월), 09~17시 30분(10월~3월)

연락처 : 061-383-8240

#담빛예술창고 #담빛 #빛나는연못 #담양 #관방제림 #남송창고 #상상 #창고카페 #메타세콰이어길

    몇 년 전 서늘한 바람이 불어오기 시작하는 초가을에 합정역과
상수역 사이를 헤매다가 우연히 공장 혹은 창고처럼 보이는 건물을
마주쳤다. 건물에는 크지 않은 Anthracite라는 글자만 붙어 있어서
더욱 나를 끌어당겼다. 크고 검은색 문이 열리면서 커피를 손에 쥔
사람과 고소한 냄새와 트렌디한 음악 소리가 흘러나왔다. 카페라는
것을 알아차리면서 호기심에 사로 잡혔고 이미 내 발걸음은 무거운
철문을 열고 다소 어두운 실내로 향하고 있었다. 녹슬고 수명이 다
한 기계들, 카페와 상관없어 보이는 각종 낡은 도구들은 빈티지한
실내 인테리어와 조화를 이루고 있었다. 커피를 주문하고 이층으
로 올라갔다. 오래된 대문을 테이블로 만들어 두고 편한 소파로 둘
러싸인 공간이 눈에 띄었다. 그곳에 눕듯이 앉아서 높은 층고를 보
며 이곳을 음미했다. 오래된 신발 공장을 개조하여 카페로 꾸몄다
는 말에 그 시간은 어땠을지 잠시 상상도 해보면서 자연스럽게 각
종 상상들을 머릿속에 그리기 시작했다.

    이후에 성수동 대림창고와 유명한 창고 개조 카페들이 나오기
시작했고 나 역시 종종 그런 공간들을 찾아갔다. 어떤 공간은 정미
소, 어떤 공간은 물류창고, 어떤 공간은 전분공장, 모두 독특한 이
력을 지닌 곳들이었다. 지금은 그 시절의 모습을 대부분 잃어버렸
지만 곳곳에 있는 흔적이 과거를 상상할 수 있게 해주는 재밌는 장
치로 다가왔다. 창고를 개조한 카페의 대표적인 공통점은 일반적인
카페의 두 배가 넘는 높은 층고이다. 그 층고 덕분에 창 하나 없이

닫힌 실내일지라도 그리 답답하지 않다. 이 높고 넓은 공간을 채우는 낡은 사물들은 단순히 낡은 느낌이 아니라 오래되어도 가치 있는 빈티지 감성을 주고 있다. 이 공간이 주는 메시지는 나의 상상을 돕는 좋은 도구가 된다. 눈으로 공간을 탐험하며 곳곳에 집중하다 보면 생각의 풍부함을 끌어올려주는 것만 같다.

공간들의 또 하나의 공통점은 여백이다. 공장과 창고를 바탕으로 만든 공간이기에 연면적도 넓고 층고 역시 상당하다. 그럼에도 이 넓은 공간에 좌석을 꽉 채우지 않는다. 사람이 앉아 있는 곳보다 비어 있는 곳이 더 많다. 이 여백은 상당한 효과를 발휘한다. 지인들과 대화를 하면서도 조금 더 느긋하게 만들고, 나 혼자 가더라도 이 공간에 금세 익숙하게 만든다. 꼭 창고 개조 카페가 아니더라도 요즘 많은 인스타 감성 카페들이 여백을 중요하게 여긴다. 왜 그럴까? 사람들이 여백을 좋아하는 이유가 무엇일까? 이 시대를 살아가는 많은 사람들은 좁은 공간에서 살아간다. 좁은 사무실, 좁은 내집에서 많은 시간을 보낸다. 정말 도시에서 충분히 쉴 수 있는 자기 방 하나 갖기가 힘든 현실이다. 그래서일까? 커피 한 잔 할 때만이라도 과할 정도로 넉넉한 공간에서 제대로 쉬어 보고 싶다.

넉넉하고 여유 있는 공간을 소비하는 것은 마치 내 머릿속 복잡한 생각을 비워내는 경험을 제공한다. 생업과 생존을 포함한 각종 고민으로 꽉 차 있는 내 머릿속을 비우고 싶을 때 우리는 종종 자연으로 떠나는 여행을 떠올린다. 제한 없는 자연을 마주하고 그 곳에 내 고민을 흘려보낸다. 그렇게 비우고 나서 행복하고 의미 있는 상상으로 채운다. 이 과정이 힐링이고 치유이다. 이런 값진 경험을 잠시나마 카페에서 얻을 수 있다니 인기가 높을 수밖에 없다. 물론 여행만큼 강력하지 않다. 아무리 공간이 크더라도 제한되어 있고 충분히 큰 공간이지만 폐쇄적이다. 그런데 전라남도 담양군에 가면 이 경험을 무한대로 확장하는 폐창고를 개조한 공간, 담빛예술창고가 있다.

담빛예술창고는 담양의 쭉쭉 뻗어 시원한 메타세쿼이아 길과 오래된 풍치림 관방제림에 둘러싸여 있다. 폐양곡창고로 오랜 기간 방치되어 기능을 상실한 '남송창고'를 문화재생 프로젝트를 통해 지금의 모습으로 만들었다. 문화 예술이 살아 숨 쉬는 공간으로 재창조되어 지역민과 방문객들의 휴식과 문화 및 전시 공간인 담빛예술창고가 된 것이다. 기본적으로는 카페가 가장 넓은 공간을 차지하고 있다. 한가운데에 전국 최초로 설치된 대나무 파이프오르간의 장엄한 모습이 눈을 꽉 채운다. 카페에서 댓잎차를 마시며 대나무 오르간 연주를 감상하다 보면 나만의 끝없는 초록빛 상상이 펼쳐진다.

전체 건물은 100평 규모의 창고 2동으로 이루어져 있다. 다양한 문화예술을 접할 수 있는 '복합 전시실', '문화 체험실' 그리고 문화가 살아있는 휴식 공간 '문예 카페'가 있다. 너무 깔끔하고 트렌디한 모습에 공간의 과거를 상상하기 어렵지만, 정부양곡보관 현

황이 나와 있는 초록색 칠판과 외관 붉은 벽돌 벽에 '南松倉庫'라 써져 있는 한문을 보면 또 다른 모습이 상상된다. 빈티지한 옛 물건들은 이 공간의 수십 년 전의 모습을 훔쳐볼 수 있다. 창고는 1977년 정부의 양곡정책에 따라 붉은 벽돌을 사용해 건축한 근현대 건축물이다. 이 창고는 30년

'남송창고'를 문화재생 프로젝트를 통해 지금의 모습으로 만들었다.
실내에 있는 파이프오르간

간 정부가 수매한 벼 보관 용도로 쓰였던 곳이다. 더 이상 쓸모없어 철거 직전에 담양군이 이를 활용한 '친환경적 예술창고'를 조성하기로 했다. 지자체와 지역 예술가들이 머리를 맞대고 오랫동안 방치돼 있던 폐창고에 예술을 입히기 시작했다.

담빛예술창고는 담양의 물빛과 문화예술이 인문철학과 더불어 꽃을 피우고 주민의 삶이 풍요롭게 향유될 공간이라는 의미다. 그런데 '담빛'은 무엇일까? '담빛'은 담양을 다니다 보면 자주 볼 수 있는 단어다. 공간 담당자에게 물어보니, 담양潭陽의 못 담을 가져와서 담, 우리말 빛, 이렇게 두 글자를 합쳐서 담빛이 되었다고 한다.

직역하면 빛나는 연못이자, 담양의 빛이라는 뜻이다. 담양의 또 다른 고유 명사처럼 쓰이고자 담빛을 만들었다고 한다. 들을 때도 의미로도 편안한 느낌을 준다. 이 공간에 앉게 되면 꽉 찬 책과 나무, 커피와 댓잎차의 향, 대나무 오르간의 소리, 높은 공간이 나를 둘러싼다. 나아가 폴딩 도어에 보이는 관방제림의 나무들도 나에게 다가온다. 마치 담빛이 나를 둘러싸고 있는 상상을 할 수 있다.

창고 카페는 레트로 트렌드를 타고 주목받게 되었다. 카페라는 곳은 대부분 가방 놔둘 곳 찾기도 어려운 좁지만 아늑한 공간이다. 반면에 창고 카페는 큼직큼직하고 탁 트여 있다는 느낌 때문에 여유를 준다. 게다가 창고를 개조했기에 레트로 한 느낌도 준다. 하지만 그래도 역시 카페. 오래 있으면 낡고 오래된 박스 안에 있는 것만 같이 답답해진다. 충분히 크지만 폐쇄되어 있는 느낌 때문이다. 담빛예술창고는 창고의 느낌과 자연을 잘 융합시켰다. 전면 폴

딩도어들이 자연을 내부로 가져온다. 오래된 나무와 대나무 숲이 공간 안에 담겨 있다. 숲속 한가운데 있는 집에 들어온 느낌이다. 자연 안에서 나만의 공간을 얻는 기분이다. 공간이 내 시선을 확장시킨다. 몸은 공간 안에 있지만 나는 대나무 숲을 걷고 있고, 하늘 위에 있고, 산에 가 있다. 내 시선을 통해 넓은 공간을 소유하고 탐색하고 있다. 3층 높이의 층고를 넘어서 숲, 산, 논, 들로 공간이 확장된다.

내가 사랑하는 공간들(윤광준)에서 이런 말이 나온다. "피크닉을 만들어낸 것은 개인의 취향이다. 무엇이 아름다움인지 무엇이 좋은 것인지 아는 취향의 선택에 사람들이 열광했다. 취향은 자신의 감각을 날카롭게 벼린 경험에서 나온다." 날카롭게 정제된 개인의 취향이 공유되었을 때 그 효과가 상당하기에 기억에 남는 내용이다. 담빛예술창고도 세심한 개인 취향들의 집합체이다. 예술가들이 모여서 자신의 경험이나 시각을 이곳에 녹여내어 이 공간을 만들어냈다. 그들의 취향과 안목이 녹아 있기에 나는 와서 즐기기만 하면 된다. 단순 창고 카페가 주는 편안함의 매력만이 아니다. 수십 년간 시행착오하면서 갈고닦은 그들의 취향을 나는 차 한 잔 가격으로 즐길 수 있다. 예술, 공간, 음악, 그리고 자연의 모습이 총체적으로 나로 하여금 단순히 머물다 가는 것이 아니라 끊임없이 내 시선을 사로잡고 즐기게 된다.

삶에 지쳐서 한 치 앞만 보면 생활이 괴로워진다. 당장 먹고살 것들과 경쟁에만 집중하다 보면 삶이 힘들고 버티는 시간이 돼버린다. 나 자신에게 상상하기 위한 잉여 시간을 줘야만 한다. 마이크로소프트를 세계 최고 기업으로 만든 빌 게이츠 역시 '생각주간Think week'을 활용했다고 한다. 그는 매년 두 번씩 고요한 호숫가의 통나무집으로 가서 2주간 칩거하며 미래를 구상하며 은둔한다. 당장의 가까운 미래보다는 10년 뒤 장기적인 계획을 위해 이 기간을 사용한다. 이를 보고 빌 게이츠 같은 사람이니까 생각주간을 가질 수 있다고 툴툴거릴 수도 있다. 하지만 이런 생각주간을 갖기 때문에 빌 게이츠 같은 사람이 될 수 있었던 것은 아닐까?

꼭 성공하고 더 높은 성장을 위해 우리에게 상상의 시간이 필요한 것이 아니다. 삶을 풍요롭고 여유롭게 만들기 위해서 우리는 가끔씩 상상해야 한다. 갖지 못할 것이라도 하지 못할 것이라도 꿈꾸며 상상할 수 있다. 이런 상상은 동네 카페에서 커피 한 잔 놓고 할 수도 있다. 아늑한 내 집 소파에 앉아서 차 한 잔하면서도 할 수 있다. 하지만 좋은 공간은 그 경험을 더욱 극대화한다. 담빛예술창고가 바로 그 공간이다. 마치 스프링보드Springboard와 같다. 넓고 높고 게다가 자연으로 공간을 확장하여 끝이 없는 그곳은 나의 상상도 끝이 없게 확대한다. 차 한 잔 하다가 시선에 들어온 자연에 매료되면 잠시 관방제림을 걸어도 좋다. 그렇게 걷다 보면 나의 세계는 더욱 또렷해지곤 한다.

제임스

데이터 파이프라인Data Pipeline은 컴퓨터가 데이터를 습득하는 시점부터 사용 완료 때까지의 과정이다. 일종의 데이터가 쓸모 있는 정보로 변환되는 각 단계를 말한다. 분야마다 다르지만 대개 7단계(Define, Find, Get, Verify, Clean, Analyze, Visualize)를 거친다. 습득한 데이터를 제대로 활용하기 위해서 참 많은 단계가 소요된다.

사람은 어떨까? 우리도 하루하루를 살아가면서 정말 많은 데이터를 오감을 통해 받아들인다. 컴퓨터와 달리 의도하지 않아도 자연스럽게 많은 데이터가 입력된다. 이 데이터를 제대로 활용하기 위해서, 혹은 필요 없는 데이터를 정리하기 위해서 우리의 뇌는 시간이 필요하다.

나는 그것이 상상하는 시간이라고 생각한다. 상상의 시간을 조금 더 원활하게, 그리고 행복하게 보내기 위해서 우리에게는 여행이 필요하다. 그리고 그 여행지로 일상에서 아주 멀지 않은 담빛예술창고가 좋은 선택이라고 생각한다.

지나

70평 정도의 사무실에서 20평 남짓의 사무실로 옮겨간 적이 있었다. 새하얗고 커다란 공간에서 회색의 어둡고 퀴퀴한 사무실로 자리를 옮겼을 때, 나는 불현듯 마음이 답답하고 속 안의 무언가가 늘 터져 나오려는 듯한 욕구를 종종 느꼈다. 그 다음은 서울 도시 한복판에서 아주 잘 꾸며진 공간 안에 있었지만 어둠이 내리면 주위는 언제나 각종 소음과 사람들의 고함치는 소리로 가득했다. 아늑했지만 편안하지는 않았다. 그러다 도심을 벗어나 어느 한적한 주택가 근처에 둥지를 틀고 풀빛 공원을 앞에 두고 햇살과 새 지저귀는 소리를 들었을 때 나의 삶 자체가 완전히 갱신된 느낌이 들었다.

공간이 사람에게 미치는 힘이란 무엇일까? 아주 작게는 지금 있는 기분을 바꿀 수도 있지만, 때로는 삶 자체를 통째로 바꿔버릴 수도 있을 것이다. 편안한 공간은 나의 일상을 바꾸고, 누군가의 취향이 서려 있는 멋진 공간은 나의 안목을 바꾼다. 따라서 이러한 공간으로의 여행은 내 삶의 아주 작은 부분부터 서서히 멋진 변화를 만들어낼 것이 분명하다.

크고 고요한
대나무의 낙원

상호 : 섬진강대숲길

주소 : 전남 구례군 구례읍 원방리 1

연락처 : 061-780-2390

상호 : 담양 죽녹원

주소 : 전남 담양군 담양읍 죽녹원로 119

연락처 : 061-380-2680, 2690

웹사이트 : https://www.juknokwon.go.kr/

운영 시간 : 하절기(3~10월) 09~19시(입장 마감 18시) / 동절기(11~2월),
09~18시(입장 마감 17시 30분)

#대나무숲 #담빛길 #죽녹원 #섬진강 #힐링 #자연 #치유 #숲길산책

▲ 섬진강대숲길 ▼ 담양 죽녹원

기원전 5세기경, 척박한 자연 환경 속에서 살아야했던 페르시아 인들은 늘 풍요로운 정원을 꿈꿨다. 이 소망은 결국 수많은 식물과 야생의 동물이 함께 공존하는 공간 즉, 이상향으로 이어졌다. 우리는 이 이상적인 공간을 낙원이라 부른다. 그런데 더 재미있는 것은 우리가 '낙원'이라고 번역하는 '파라다이스Paradise'의 원래 의미는 폐쇄된 공간이라는 사실이다. 즉, 인간이 꿈꾸는 풍요로운 이상향의 공간은 결국, 수많은 식물과 야생의 동물이 공존하는 폐쇄된 공간인 셈이다.

우리의 이런 파라다이스에 대한 풍요로운 상상을 현대 사회에서 실제로 구현하는 곳이 있다면 '공원'이라고 알려진 사람들에 의해 가꾸어진 거대한 정원일 것이다. 폐쇄된 공간 안에 동식물과 천혜의 자연이 녹아있는 꿈의 정원. 에덴동산The Garden of Eden 역시 '동산'이라고 번역되어 있기는 하지만 원래의 의미는 정원으로, 에덴동산 역시 기독교에서 꿈꾸었던 이상향의 공간을 뜻한다. 그리고 이 역시도 성서에 의하면 출입이 통제된 폐쇄된 공간이었다는 점에서 파라다이스와 같은 의미를 지닌다. 그렇다면 우리가 늘 지키던 일상의 자리를 벗어나 각종 동식물을 비롯하여 각종 자연환경이 가꾸어져있는 정원으로 떠나는 행위에 좀 더 가치 있는 상상과 의미를 부여해보고 싶어진다.

섬진강대숲길을
찾아서

　서울에서 KTX로 2시간 30분, 구례 가는 길. 서울을 조금 벗어
난 듯한데 벌써 창밖은 녹음이 무성하다. 구름은 제멋대로 하늘 위
에 흩어져 있고 솟아오른 산봉우리들과 밭들을 지나자 회색 도로
와 빨갛고 노란 자동차 불빛들이라곤 찾아보기도 힘든 완전한 시골
길 풍경으로 바뀌었다. 구례라니. 봄이면 산동의 산수유와 섬진강
강변도로를 벚꽃이 가득 채우고, 여름이면 계곡마다 짙푸른 신록에
눈이 트이고 가을이면 붉게 타는 단풍놀음에, 겨울이면 순백 눈으
로 가득 내린 천혜의 자연이 일품이라는 그 전남 구례에 왔다. 이번
여행의 목적지는 구례에서 순천으로 향하는 17번 국도 섬진강가에
위치한 구례대나무숲이다. 직선으로 약 600m, 숲길로는 1km 정도
되는 걷기에 좋은 길. 하늘이 보이지 않을 정도로 빽빽한 나무가 가
득할 길. 나무 사이를 걸어도 좋고 그저 바라보는 것도 좋고, 가만
히 서서 바람이 대나무 숲을 스치는 소리만 들어도 좋은 그곳이라
면 조용히 고민도 잡념도 사라질 것 같은 기분이다.

　정확히 내비게이션에 섬진강대숲길이라고 검색했건만 먼저 도
착한 곳은 근방에 대숲이라고는 눈곱만큼도 보이지 않는 공터였다.
차에서 내리자 이른 아침 몸을 싣고 앉아서 3시간여를 달려온 기찻
길의 노곤함과 정수리를 태울 듯이 무자비하게 내리쬐는 열기 덕에

217

살아생전 구례 땅을 처음 밟은 기대보다 불만 섞인 목소리가 먼저 터져 나오는 것은 어쩔 수 없는 일이었다. "바쁜 이 시기에 대나무 숲이라니, 너무 팔자 좋은 소리를 했나." 분명 길이 험하고 멀지는 않았건만 신선들의 놀음터인 무릉도원을 찾듯 막연한 이상향을 찾는 듯한 느낌이었다. 더 이상 차도는 보이지 않았고 할 수 없이 축축하고 뿌연 터널 속으로 걸어 들어가기로 했다. 3분 남짓의 시간이 흐른 후 터널이 끝날 때쯤 되자 잘 닦인 황톳길과 함께 누군가 정돈해둔 듯한 정원 같은 강변 숲길이 모습을 드러냈다. 제대로 찾아온 것이다.

가장 먼저 나의 초행길을 반긴 것은 눈이 부시도록 푸르게 펼쳐진 섬진강변이었다. 너울거리는 연두색 광활한 대지 옆엔 하늘빛깔을 닮은 강물이 지평선과 함께 펼쳐져 있다. 가슴이 답답할 때 수평선이 펼쳐진 동해 바다에 가서 숨이 트였던 것처럼 예쁜 병풍처럼 펼쳐진 대숲과 섬진강의 풍경이 그림처럼 마음속에 박힌다. 숲길은 짧고 아담했다. 한적한 길도, 대나무 잎의 소근거림도 모든 것이 좋왔다. 조금 길을 걷고 나자 곳곳에 있는 벤치들이 눈에 띄었다. 가만히 앉아서 나도 모르게 눈을 감았다. 그냥 지금 여기에만 집중하고 싶다는 생각이 들었다. 왜인지 모르지만 감정이 고조되어 있었다. 도취 상태라 해도 괜찮을 것 같았다. 걷다보니 오만 가지 생각이 들기 시작한다. 사무실 불빛과 빌딩의 외곽 조명들이 반짝였던 도시의 야경과 이곳의 풍경이 자꾸만 대조되어 보였다. 마치 꿈을 꾸는 것 같아서 몸은 아무렇지도 않은데 기분이 이상했다. 꿈에서는 온갖 괴로움과 고난을 당했지만 깨고 나니 아무렇지도 않은 듯 잊어버린 것처럼 분명 힘들기도 하고 때로는 억울하기도 하고 무수히 많은 일들이 있었던 것 같은데 지금 이 순간에는 오롯이 내 앞에 놓인 하나의 길만 보인다. 이 길의 끝에는 곧 탁 트인 낙동강변이 펼쳐질 터였다.

대나무 예찬론

대나무는 흔들리고 바람은 지나가고 있다. 곱씹어보면 대나무숲은 곧 바람의 숲이라 해도 과언이 아닐 것 같았다. 바람은 끊임없이 대나무를 치고 흔들고 괴롭혔지만 그럴수록 더 꼿꼿이 솟아있는 대나무가 위풍당당해 보인다. 바람이 대나무를 씻기듯 뒤흔들고 지나갈 때마다 대나무가 내는 소리는 더욱 청량해진다. 순간 이곳 전부

가 나의 소유처럼 느껴진다. 당나라 시인 왕유가 지었다는 시 〈죽이
관〉을 생각했다. 이 작품에서 시인은 깊은 죽림 속에 있는 본인의
별장에서 대나무와 함께 앉아 있으며 느낀 편안하고 아늑한 분위기
를 시를 통해 표현하고 있다.

獨坐幽篁裏　홀로 그윽한 대나무 숲 속에 앉아

彈琴復長嘯　거문고 켜다가 길게 숨을 내쉬네

深林人不知　깊은 숲속이라 사람들이 알지 못하고

明月來相照　밝은 달만이 찾아와 비추고 있네

_ 왕유王維, 〈죽이관竹裏館〉

이제 나는 그동안 전전긍긍하며 끊임없이 무언가 손에 쥐고 성과를 봐야만 직성이 풀렸던 나 스스로와 회의적인 대화를 나누고 있었다. 성장하지 않는 것은 영혼이 죽은 것이라고, 모든 사람들은 자본주의 사회에서 끊임없이 경쟁하며 성취해야 한다고, 그 결과가 오롯이 나를 이 사회에서 증명하는 길이라고 왜 그렇게 호언장담하며 주장했을까. 하지만 하늘을 찌를 듯한 대나무가 펼쳐진 숲을 호젓하게 걷다 보니 어느새 옛 신선놀음이라도 하는 양 싶고, 속세에 대한 욕심 따위는 초탈한 것을 느낄 수 있었다. 스스로 되묻고 깨닫고 다시 한 번 의연하게 나의 청춘을 살아내지 못한 것에 회개하는 사이 섬진강과 강을 두른 산야의 풍경이 나타났다. 말로만 듣던 섬진강을 이렇게 가까이에서 감상한 적은 이번이 처음인 것 같다. 강 건너편에는 둘레길이 조성되어 있어서 봄이며 가을에도 이곳을 다시 찾아보고 싶은 생각이 들었다. 여유가 있었더라면 당장 강을 건너 둘레길도 걸어보고 싶다.

탁 트인 강변 평야를 하염없이 바라보다 발길을 돌린다. 돌아오는 길에는 나에 대한 회개는 내려놓고 좀 더 대나무를 예찬하며 이 길을 음미하기로 했다. 자세히 보니 모든 대나무가 다부지고 곧게 서 있는 것은 아니었다. 비탈길에 세워진 것들은 대개 대나무 대가 얇고 구부러진 경우가 많았고 땅 속에서 솟아오른 죽순들도 자라지 못해 잘리거나 채 크지 못한 것도 보였다. 처음엔 정상이 아닌 놈들도 있구나, 정도였다. 좀 더 자세히 보니 가끔은 사람의 척추를 연상케 하는 허옇고 멀건 대나무의 뿌리들도 땅 위로 어김없이 삐져나와 있었다. '이것도 대나무인가' 처음에는 죽은 대나무가 말라 비틀어져 땅 속에 파묻힌 것으로 생각했다. 그러고 보니 대나무가 어떻게 대나무스러울 수 있는지에 대해 의문을 가진 적이 있었던가? 어떻게 대나무는 저 곧고 큰 키를 휘어지거나 구부러지지도 않고 하늘 높이 세울 수 있을까? 마치 굵고 무거운 장대를 아무런 지지대 없이 꼿꼿하게 세워둔 것이라면 누가 이렇게 세울 수 있을까? 여기까지 생각이 들자 겉으로 보이는 대나무보다 그들의 뿌리가 궁금해졌다.

자세히 찾아보니 대나무는 장신의 몸을 몇백 미터 이상 꼿꼿하게 세우기 위해 자신들의 뿌리를 서로 얽히고 설켜 모든 뿌리가 하나로 이어져 있다고 한다. 겉으로 보기에는 고고하고 기품있어 보이지만 오롯이 서기 위해, 자라나기 위해 땅 아래쪽에서는 단단히 서로의 발과 다리를 부둥켜안고 붙잡고 있는 것이었다. 예전 워크숍에서 팀빌딩 활동을 할 때 으레 진행했던 신문지 영토 위에서 오래버티기 게임이 생각났다. 팀원들끼리 발이 땅에 닿지 않고 오래 버텨야 한다는 그 사소하고 보잘것없는 목표를 위해 서로가 혼신의 힘을 다해 버티고 부둥켜안으며 얼마나 애 쓰고 땀을 흘렸던가. 그 순간 누군가 관심을 가지지 않았다면 지금 여기 심어져 있는 줄도 몰랐을 이 사소한 존재들이 작은 전라남도 땅 구례 어딘가에서 저마다 힘을 다하여 필사적인 심정으로 살아내고 있다는 것을 보여주는 것 같았다. 누군가는 약하고 볼품없지만 그래도 그런 것들이 모여 이 멋진 대숲을 이루었다는 것은 변함없었다. 약한 것들이 모여 그 어떤 나무도 따라오지 못할 거대한 높이로 솟아오르고 단단한 대를 세운다. 참으로 기특한 생물들이 아닌가!

크고 고요한 대나무의 정원,
담양 죽녹원

　2020년 5월 어느 오후, 온 세상 사방면이 대나무로 둘러싸인 미로 같은 어느 대숲을 찾았다. 독도 섬 전체 면적의 1.8배에 이르는 약 31만m²의 규모로 울창한 대나무 숲이 빼곡히 들어서 있는 이곳은 크고 고요한 대나무의 정원, 담양 죽녹원이다. 잘 가꾸어진 아름다운 이 정원은 자신들의 울창함을 뽐내기로 작정한 듯 부지에 펼쳐져 있다. 흙내음과 나무 사이로 불어오는 바람 냄새가 합쳐져 서 있는 것만으로도 초자연적인 느낌이 든다. 올해를 기준으로 조성된 지 17년차, 개원한 지 정확히 15년차를 맞이한 죽녹원은 대나무를 통한 삼림욕의 정수를 보여주는 죽림욕 산책로 8길과 미술관, 쉼터 5동, 정자 7동, 한옥 카페 및 한옥 체험장 등으로 구성돼 있다.

　전국에서 '대나무숲'으로 유명세를 떨치는 곳이니 당연 영화, CF 촬영지를 비롯하여 가족, 연인, 친구 등 연간 관광객 수만 100만여

명에 이른다고 한다. 말마따
나 죽녹원의 입구 초입에서부
터 대나무로 만든 각종 기념
품과 요깃거리 등이 즐비하
다. 대나무 차는 물론, 과자에
아이스크림까지 대나무 이파
리를 활용해서 담양만의 멋을 표현해내고자 노력한 흔적이 여실하
다. 보이는 대나무 말고도 대나무를 입으로, 눈으로, 맛으로 즐기기
위해 서로 뒤엉켜 줄 서 있는 관광객들의 관심은 줄줄이 늘어선 대

나무로 만들어진 상품들과 달콤한 음식의 냄새 속으로 빠져든다.

죽녹원의 입구로 걸음을 옮기자 일본의 여느 신사를 방문하는 듯 크고 초연한 푸른 정문이 돌계단 위에서 사람들을 맞이하고 있는 모습이 눈에 띈다. 소정의 입장료를 내고 죽녹원 안으로 입장하자 죽림욕의 시작을 알리는 가이드 안내판과 길의 방향이 눈에 밟힌다. 아주 조금 걸어 들어가자 지금까지 살았던 세상과는 완전히 다른 파라다이스에 온 듯한 착각이 들었다. 지금 여기 눈앞에 펼쳐지는 장면을 기억 속에 꼭꼭 눌러 담고자 연신 카메라를 들이대보지만 미처 대나무의 정기와 그 위풍까지 한낱 렌즈 속에 담아내기에는 역부족인 듯싶다. 몇 번 더 시도를 해보다 마침내 이 광경을 온전히 나의 눈 속에 담기 위해, 이 아름다운 정원을 조금 더 기억하기 위해 땅부터 하늘까지 천천히 이 숲을 음미하기로 했다.

이곳에는 일상 속 내가 지켜왔던 작은 책상 자리에 비하면 무시무시한 아름다움과 거대한 자연이 있었다. 하늘 아래에는 믿을 수 없을 만큼 빽빽하게 대나무가 깔려 있었고, 수천 그루의 대나무가 만들어내는 바람의 소리와 짙푸르게 뿜어내는 초록빛깔의 영롱함이 자연과 자연을 만든 창조주에 대한 경외감까지 들게 했다. 이런 자연의 거대함에 마주하면 누구라도 스스로 한계가 있는 존재임을 깨닫고 작아지는 느낌을 받는다. 그 순간 이 거대한 자연 세계 안에서 작고 연약한 내가 속해 있다는 사실에 두려움과 존경심이 들면서 동

시에 경이로운 신비감에 마음이 겸허해졌다.

　프랑스 소설가 알랭 드 보통은 이런 느낌을 18세기의 철학자들의 표현을 빌려 '숭고함'이라고 표현했다. 거부할 수 없이 나의 온몸과 정신으로 흘러들어오는 이 기분을 숭고함과 경이로움 외에 무엇으로 표현할 수 있을까?

　1시간 30분가량의 산책이 끝나갈 무렵 입구로 나가는 길 어디선가 새의 비명소리가 들렸다. 성인 남자의 주먹보다 조금 큰 크기의 잿빛 새 한 마리가 쉴 새 없이 비명을 내지르며 웬걸 고양이의 뒤를 쫓고 있었다. 고양이가 새를 덮칠 만도 한데, 고양이 역시 이상했다. 무언가를 찾는 듯 풀밭을 두리번거리며 쫓아오는 새를 무시하는 모양새였다. 고양이가 자신에게 관심을 가지지 않을수록 역설적으로 새는 고양이를 쫓아오며 힘껏 부리로 고양이의 엉덩이를 쪼아댔다.

그리고 하염없이 고양이 근처를 빙글빙글 돌며 있는 힘을 다해 소리쳤다. 자세히 보아하니 어미새가 숨겨둔 알 둥지를 고양이가 찾아서 덮치려는 듯했다. 둥지가 발각되기 전 어미새는 있는 힘을 다해 고양이를 저지하고 관심을 알들로부터 멀리 떨치려는 모양이었다. 마침 나는 호연한 자연의 풍새에 매료되어 조금 더 삶에 있어 숙연하고 정진하는 자세로 살아야겠다고 방금 되새긴 참이었다. 그런데 이 눈앞의 상황이 급박한 두 작은 존재들에겐 방금 전까지 내가 느낀 자연의 장대함은 일말의 가치도 없는 것일 테다.

이내 지금까지 의연한 마음으로 정리해왔던 생각에 한 줄의 의문이 스며들었다. 우리가 일상에서 그토록 원하고 소망하는 이상향, 파라다이스는 사실 우리 주변에 늘 존재해왔지만 그 가운데 살아가는 우리가 당장 이 앞의 크고 작은 일들만 좇아 비명을 지르느라 미처 발견하지 못했던 것일 수 있었다. 이제 나는 오래된 테이프에 녹음된 소리를 다시 지워내듯 머릿속의 생각을 되감고 다시 정리해본다. 이 낙원을 떠나면 또 다시 '괴로운 일상'으로 돌아가는 것이 아니라, 일상 가운데 '이미 존재하는 낙원들'을 좀 더 적극적으로 인지하고, 즐기고 마음의 평화를 누리며 살아가야겠다고.

지나

천천히 죽림욕을 즐기며 이런저런 생각을 했다. 한편으로는 그동안 '잡념'이자 '쓸데없는 고민'으로 치부했던 것들을 여과 없이 마음껏 떠올리고 곱씹고 다시 내뱉는 시간이 되기도 했다.

일상에서는 이런 시간을 갖기 어려웠다. 늘 스케줄이 있었고 쉴 새 없이 울리는 전화와 메시지, 스마트폰이 끌어당기는 중력에 포로처럼 끌려다녔다.

그러나 그 순간만큼은 조금 달랐다. 스마트폰이 거추장스러운 금속덩어리로 느껴졌고, 무가치한 사색들을 무가치한 것 그대로 받아들이고 인정하자 마음이 한결 편해지는 것을 느꼈다.

숲이 깊어질수록 스스로를 존중하고 다독거리는 시간도 많아졌다. 언제나 일상을 의무적으로 살아내는 자신에 대하여 불쌍히 여기고 동정하지만 스스로를 구원하고 위로하는 방법에 있어서는 서툴렀던 우리 삶의 모습을 생각하지 않을 수 없었다.

제임스

'길'의 사전적 정의는 '사람이나 동물 또는 자동차 따위가 지나갈 수 있게 땅 위에 낸 일정한 너비의 공간'이다. 즉, 단순히 지나가는 목적으로 소모되는 공간이다. 출근길, 퇴근길, 등굣길처럼 목적을 갖고 지나쳐가는 공간으로써의 길이 대부분이다. 물론 친구, 가족, 소중한 사람을 만나러 가는 길도 있다.

그런데 섬진강 대나무숲길과 담양 죽녹원의 길은 목적이 존재하지 않는 길이다. 목적이 없으니 조금 더 천천히 시각, 청각, 후각, 그리고 때론 촉각까지 사용하여 공간 자체를 음미할 수 있다. 두리번거리며 거닐면서 생각을 정리한다. 느리게 공간을 소비하다 보면 갖고 있던 걱정까지 사라진다.

새로운 계획이나 다짐을 하게 된다. 목적 없이 걷던 길에서 목적이 생기게 된다. 고민, 걱정, 염려를 내려놓고 올 수 있는 신비한 공간, 대나무숲길로 일상 여행을 떠나보면 어떨까?

모든 일상이
여행이 되는 것은
아니다

일상(日常)의 정확한 정의는 무엇일까? 국어사전에는 '날마다 반복되는 생활'이라는 뜻이라고 나오며 영어로는 'daily life'라고 번역된다. 'daily life'의 의미를 영영사전에서 찾아보면, 'the ordinary things that you usually do or experience'라고 나온다. 우리말과 비슷하게 평소에 겪는 평범한 경험과 일이라는 뜻이다. 즉 일상은 평범하다. 그런데 재밌는 현상이 하나 있다. 사람들이 온라인상에서 많이 쓰는 글을 바탕으로 특정 단어와 함께 많이 언급되는 단어들을 도출해보는 '소셜 분석'을 해보면, '일상'의 연관 단어들은 '굉장하다', '어마무시하다', '연예인' 등이 나온다. 이 키워드를 바탕으로 추론해보면 사람들은 자신의 일상을 특별하게 바꾸고 싶어 한다는 것을 알 수 있다. 그렇다면 우리의 평범한 일상을 특별하게 만드는 마법 같은 도구는 없을까?

일상을 조금 더 깊게 관찰해보자. 일상을 분류한다면 어떻게 나눌 수 있을까? 일상은 수많은 평범한 행위들이 모여서 평범한 하루를 만드니, 동사로 분류할 수 있다. 가장 먼저 생각나는 것은 '먹기'이다. 그다음으로 우리 삶의 많은 시간을 차지하는 '일하기'이다. 이외에도 '영감 얻기', '사색하기', '책 읽기', '교류하기' 등이 있다. 이렇게 바쁘게 일상을 살아냈으면 '쉬어가기'도 빠질 수 없다. 이러한 동사들이 어떻게 특별해질 수 있을까? 그 마법의 도구가 과연 무엇일까? 우리는 여행에서 그 정답을 찾을 수 있다. 일상과 다르게 그 시간 동안 우리를 특별하게 만들어주는 여행은, 사실 행위 자체는 일상과 아주 유사하다. 먹고 마시며 영감 얻고 사색하고 책도 읽는다. 여행지에서 타인과 교류도 하며 쉬어간다. 요즘은 일하며 여행하는 디지털 노마드도 흔해졌다.

대체 왜 여행과 일상은 비슷하면서도 이렇게 다른 것일까? 여행에서 우리의 행위 자체는 일상과 비슷하지만 감정이 더해지기 때문이다. 여행이 주는 단절, 분리, 다름, 확장, 연결, 배움, 치유 등은 우리에게 낯섦, 그리움, 새로움, 재미, 행복이라는 감정을 더해준다. 여행 중 낯선 취향을 마주하고 새로운 지식을 습득하고 일상에서는 볼 수 없었던 상당한 여백을 만나는 순간, 우리의 평범한 행위는 특별해진다. 이 특별함을 느끼고 싶어서 우리는 많은 돈과 시간을 투자하여 여행지로 떠날 수밖에 없다. 그래서 여행지에서 더 민감한 것일 수도 있다. 일상에서 문제없던 가족 혹은 지인과 여행지에 가서 종종 다투는 경우가 생긴다. 나의 평범했던 일상을 특별하게 만들고 싶어서 많은 것을 투자하고 온 여행이니 그 실망감은 배가 되어서 동행자에게 쏟아버리게 된다.

일상을 여행으로 만들고 싶었다. 간혹 평범한 일상이 특별해지는 순간들이 있기 때문이다. 기억하고 싶고 내가 연예인이 된 느낌, 굉장한 사람이 된 것만 같은 기분이 드는 순간이 있다. 그리고 그 시간들의 공통점은 특별한 공간에서 시작된다. 머나먼 타국의 여행지로 떠나지 않아도 특별한 공간에서 나의 시간을 간직하면 그것이 바로 여행이다. 일상 여행을 즐길 수 있게 된다. 일상 속에 숨어있지만 잘 모르던 곳들, 알고 있었지만 주목하지 않았던 공간들, 이런 곳들을 모아서 누구나 일상 여행을 즐긴다면 일상이 더 이상 날마다 반복되는 평범한 일상이 아니게 될 수 있다. 그렇게 일상 여행가는 시작되었다.

현대카드 쿠킹 라이브러리는 우리를 미식을 위한 백만 가지 여정으로 이끈다. '먹기'라는 행위가 이토록 남달라질 수 있다는 것이 놀랍다. '책 읽기'라는 행위를 위해 태어난 공간도 있었다. 부쿠 서점은 내 일상을 책을 통한 특별한 여행으로 만드는 큐레이터까지 존재한다. 카페홈즈는 추리소설을 통해 우리의 일상을 잠시 런던의 베이커가 221B으로 옮겨 놓는다. 파주 지혜의숲은 말 그대로 솟아오른 책들의 공간이다. 북파크 라운지는 리클라이너 체어에 기대어 남산의 숲 자락을 엿보며 전문 바리스타가 만들어준 커피 향을 맡으며 책을 탐닉할 수 있는 최고의 서재이다. 일상에 빠질 수 없는 '일하기'를 위한 장소는 아무에게도 알려주고 싶지 않을 정도로 각별하다. 코워킹 스페이스 형태의 세 곳은 모두 한강, 호텔, 높이라는 장치를 통해 일상을 분리시킨다. 그리고 일에 전념하게 한다. 다른 공간도 유사하다. 각자 나름의 숨겨둔 무기가 있다. 페잇퍼는 비밀 책방 콘셉트로, 서사 당신의 서재는 나만의 서재 콘셉트로, 노들서가는 한강의 숨겨진 서재 콘셉트로 일상을 멈춰 서게 한다.

일에 전념했다면 '사색하기'를 통해 색다른 여행을 시작할 수도 있다. 담빛예술창고와 대나무 숲이 이를 극대화했다. 물론 동네에서 여행을 하고 싶다면, 2호선을 타고 합정역에 내려보자. 합정 종이잡지클럽이 나에게 수많은 라이프스타일을 보여주며 깊은 사색 속으로 안내한다. 이제 혼자 하는 여행이 아니라 낯선 사람들과 교류하는 여행을 원할 때가 되었다. 그렇다면 해방촌 론드리프로젝트로 가서 빨래를 돌려보자. 새로운 판타지가 시작될 수도 있다. 또한 낯선 취향을 만나며 다른 시공간을 여행하고 싶다면 남의집을 찾아도 된다.

이제 잠시 쉬어가고 싶다면, 1호선 종점으로 가서 해당화 사진관을 가도 좋다. 수동 카메라를 어깨에 들쳐 매고 구도심을 멍하게 돌아다니면서 순간을 저장하자. 사진관에 돌아와서 따끈한 사진을 받

는 순간 사진의 온기는 나의 일상을 치유한다. 조금 더 시간을 투자
해서 속초에도 가보는 것은 어떨까? 속초의 산과 바다는 온전한 휴
식을 선물한다. 숲속 작은 영국 호텔 같은 설악켄싱턴 호텔은 국립
공원을 나에게 빌려주며 편히 쉬라고 말한다. 도시 안에서 쉬고 싶
다면, 후암동으로 발걸음을 옮겨봐도 좋다. 후암서재를 비롯한 프
로젝트 후암의 공간들은 나에게 매력적인 후암동을 제대로 소비하
며 쉬게 한다.

하나하나 정말 각별한 공간으로 인해 우리의 일상은 여행이 된
다. 우리를 평범한 사람이 아니라 일상 여행가로 바꿔준다. 더 이상
일상을 살아내지 않아도 된다. 내가 원하는 일상을 살아갈 수 있다.
힘들고 지치고 따분해도 괜찮다. 잠시 나만의 공간들로 가서 일상
여행가로 즐기면 된다. 여행하고 오면 된다. 그래서 더욱 이런 공간
들이 소중하다. 아무 공간이나 나의 일상을 여행으로 만들지 못한
다. 모든 일상이 여행이 될 수는 없기 때문이다. 우리가 함께한 22
곳의 공간, 그리고 앞으로 당신이 찾을 공간으로 일상 여행을 떠나
보는 것은 어떨까?

일상 여행가

초판 1쇄 인쇄 _ 2020년 11월 20일
초판 1쇄 발행 _ 2020년 11월 25일

지은이 _ 지나, 제임스
펴낸곳 _ 바이북스
펴낸이 _ 윤옥초
책임 편집 _ 김태윤
책임 디자인 _ 이민영

ISBN _ 979-11-5877-210-9 03910

등록 _ 2005. 7. 12 | 제 313-2005-000148호

서울시 영등포구 선유로49길 23 아이에스비즈타워2차 1005호
편집 02)333-0812 | **마케팅** 02)333-9918 | **팩스** 02)333-9960
이메일 postmaster@bybooks.co.kr
홈페이지 www.bybooks.co.kr

책값은 뒤표지에 있습니다.
책으로 아름다운 세상을 만듭니다. — 바이북스

미래를 함께 꿈꿀 작가님의 참신한 아이디어나 원고를 기다립니다.
이메일로 접수한 원고는 검토 후 연락드리겠습니다.